JN037649

6年分の基礎が身につく

小学生

教科書クイズ700

監修

陰山英男

ⓘ 池田書店

もくじ

はじめに

　教科書に書かれている多くの知識は、大人になってさまざまな場面で活用されていく生きた知識となるものばかりです。今回、教科書にのっていることをクイズとして改めて見直してみると、結構難しいものや、おもしろいものがありました。

　この本にある問題はあまり難しく考えず、勉強と思わずにクイズとしてやってほしいと思います。クイズはまちがってもかまいませんし、また、まちがったとしてもそれを新しく覚えていけばいいのです。その結果をだれかと比べたり、順位を気にしたりすることなく、楽しむことがいろいろなものを覚えていくコツになるのです。

　今回の本では、学年ごとに問題を用意し、レベルもいろいろです。自分に合ったところからはじめて、実際の自分の学年よりも上の学年のこともどんどん進めていってください。

　勉強とは苦しいものをがまんして積み重ねていくもの、という考え方を捨てて、自分に合ったクイズを楽しむことこそが自分をのばしていくことにつながるんだということがわかってもらえれば、わたしはとてもうれしく思います。

陰山 英男

登場人物しょうかい

勉強オジサン（勉オジ）

・小学生のいるところに現れる
　ナゾの妖精
・小学生の勉強を楽しく教える
　のが生きがい

マナブ

・小学4年生
・ゲームが得意！
・勉強がおもしろくないなぁ
　と感じていたところに、勉
　オジがやってきた!?

マツリ

・小学3年生。
・マナブの妹
・テストはいつも100点！
・元気いっぱい
・お兄ちゃんにも勉オジに
　もするどくつっこむよ★

この本の使い方

1〜6年　国語／算数／生活・社会／理科／英語のクイズ

1・2年生の問題は「ウォーミングアップ」、3・4年生の問題は「チャレンジ」、5・6年生の問題は「ステップアップ」。1年生から順番に始めても、自分の学年の問題から解いてみてもいいよ。

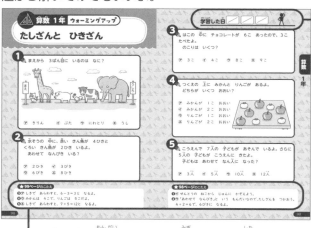

問題を解いた日を書きこもう。

コラムでは、勉強がはかどるコツをしょうかいしていますよ

① ・ ②の問題のこたえは「右ページ」の下に、
③ 〜 ⑤の問題のこたえは「左ページ」の下にあるよ。

オモシロ問題

3年生と4年生の各教科の最初に、オモシロ問題のページがあるよ。マンガを読んで、問題を解いてみよう。

まとめチェック

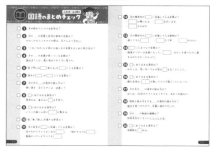

最後の章は、各教科の全学年の内容の一問一答だよ。身についているか確認してみよう。

ふ〜
終わったぁ

最近
宿題多くて
大変だなー

お兄ちゃーん
消しゴム
返すねー

マナブのへや

がちゃ

たましい〜

ち〜ん…

なにごとオー!?

宿題まったく
終わらん…

まったくアタマに
はいらねぇ〜〜

ノートも
本人も
まっ白…

お兄ちゃん
相変わらず
勉強ダメダメ
だねー

ゲーム
やってるときは
あんなに集中
できるのに

ぷぷぷ

なにぃ〜?

そりゃ
そうだろ〜

だって
勉強って
おもしろくない
じゃん!

…

7

どうやらあなた方きょうだいは、「勉強」を「つまらない」ものだと思っているようですね…

否ッ!!
それは、「楽しく学ぶ方法」を知らないだけッ!

勉強ってのは本来楽し〜〜くのび〜〜るもんなんです!!

わたくしは、それを教えるために現れたのです!

「楽しく学ぶ方法」!?

おや、信じられないって感じのリアクション

でもねぇわたくしの姿が見えることは…

心のどこかに「もっと楽しく勉強できたらな」という気持ちがある証こですよ

ぬ…

勉オジには
オ・ミ・ト・オ・シ
ですよォ〜！？

このこの〜♡

いちいち
からみ方が
ウザいな…

ははは…

あの〜…
わたしはオバカな
お兄ちゃんとちがって、
成績いいほうなんだけど

おバカって…

テストいつも
100点だよ

い〜や あなたは
勉強を「義務感」で
やっているタイプですね

勉強を楽しむ
気持ちが まだまだ
足りません！

うっ
たしかに…

勉強って
どうやったら
楽しくできるの？
どんな「おもしろい」が
あるの…？

そんなギモンは…

ぜ〜んぶ勉オジに
お任せあれっ♥

さあ
いってみよ〜！！

オ〜！

ホントに
だいじょうぶかな…！？

国語

漢字の読み書きやことわざ、慣用句がしっかり身についているかクイズで確認しよう！ こそあど言葉や漢字の部首は、オモシロ問題で楽しく学ぼう。

文字を 正しく かこう①

1

えんぴつの 正しい もちかたは どれ？

ⓐ  ⓘ  ⓤ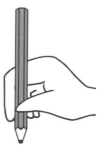

2

はっぱの いろが かわる きせつを ひらがなで 正しく
かいた ものは、どれ？

ⓐ おち   ⓘ あさ   ⓤ おき   ⓔ あき

★13ページのこたえ

❸ⓘ 「ふた」に 「゛」を 1つ つけると、「ぶた」に なるよ。

❹ⓐ まる(。)は 文の おわりに、てん(、)は 文の とちゅうに つけるよ。

❺ⓤ 「びゃ・びゅ・びょ」などの 「や・ゆ・よ」は、小さく かくよ。

3

「゛」を　1つ　つけると、どうぶつに　なる　ことばは　どれ？

㋐ まと　㋑ ふた　㋒ かき　㋓ うす

4

文の　おわりに　つける　きごうは　どれ？

㋐ まる（。）　㋑ てん（、）
㋒ たす（＋）　㋓ ひく（－）

5

「び□ういん」は、けがを　したり、ねつが　出たり　した　ときに　いく　ばしょだよ。□に　入る　ひらがなは、どれ？

㋐ よ　㋑ ゅ
㋒ ょ　㋓ ゆ

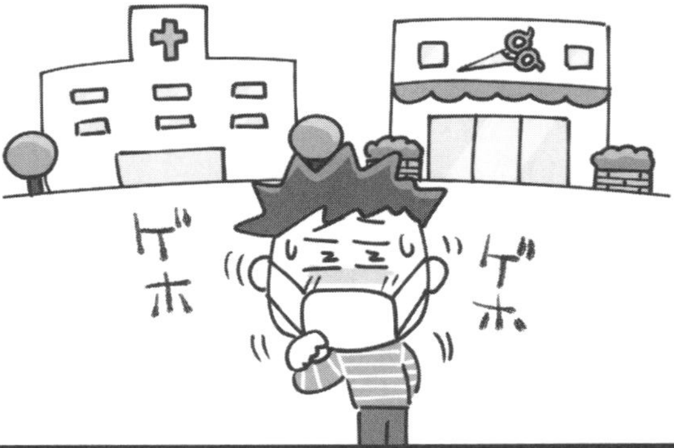

★12ページのこたえ

❶㋑ おやゆび、人さしゆび、中ゆびで　えんぴつを　つまんで　もちあげたら、すこし　手くびがわに　たおそう。
❷㋓ よこぼうの　かずや、てんの　ある・なしなどが　ちがうよ。

文字を　正しく　かこう②

1

つぎの　文の　□1～3に　入る　くっつきことばは　どれ？

・りえさん[1]、かさ[2]　もって　学校[3]　いった。

㋐ を　㋑ へ　㋒ は

2

はなした　ことばを　あらわす　ときに　つかう　きごうは　どれ？

㋐「　」　㋑ “　”　㋒（　）

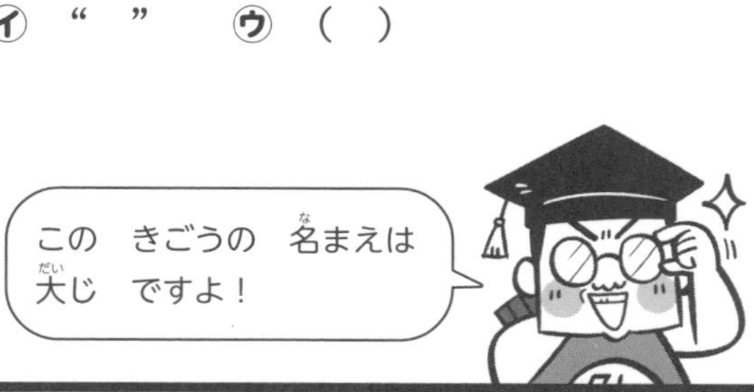
この　きごうの　名まえは
大じ　ですよ！

★15ページのこたえ

❸㋒「日」は、たいようの　かたちを　もとに　できた　かん字なんだ。
❹㋓ のばす　音を　カタカナで　かく　ときは、「ー」を　つかうよ。
❺㋑ ㋐は　「ひだり」、㋒は　「いし」と　いう　かん字だよ。

3 つぎの えから できた かん字は どれ？

ア 月　　イ 星
ウ 日　　エ 雨

4 「にゅうす」を カタカナで 正しく かいた ものは どれ？

ア　ニユウス　　イ　ニュウヌ
ウ　ニユーヌ　　エ　ニュース

5 つぎの 文の ＿＿の ことばを かん字で 正しく かいた ものは、どれ？
　・ミギ手を 見る。

ア　左　　イ　右　　ウ　石

★14ページのこたえ

❶1＝ウ　2＝ア　3＝イ 「は・へ・を」は、ことばと ことばを くっつける ときに、つかうんだ。

❷ア はなした ことばと わかるように かぎ(「　」)を つかうよ。

国語　2年　ウォーミングアップ

人に　つたわる　文を　書こう①

1

まちに　たくさん　いるのは、だれ？

・わたしが　すんで　いる　まちには、いしゃが　多い。

㋐　いしや

㋑　いしゃ

㋒　はいしゃ

㋓　かいしゃいん

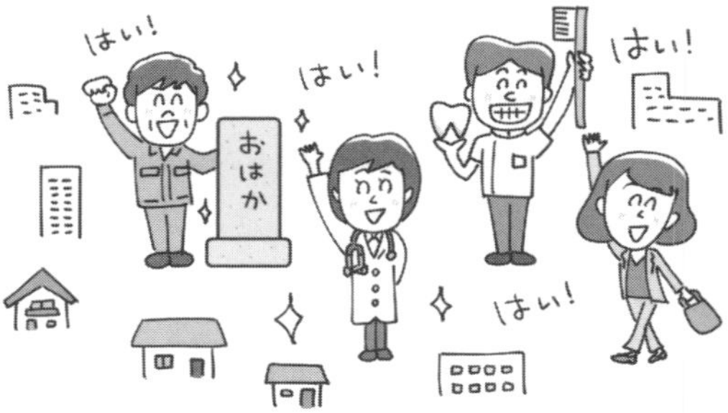

2

つぎの　文の　しゅ語は、どれ？

・ぼくは　池で　魚を　つった。

㋐　ぼくは　　㋑　池で

㋒　魚を　　㋓　つった

★17ページのこたえ

❸㋓ じゅつ語は、「どうする」「どんなだ」「なんだ」に　当たる　ことばだよ。

❹㋒ ㋒は　数を、㋐㋑㋓は　色を　あらわす　ことばだね。

❺㋐ どちらの　ことばも、時間の　へんかを　あらわして　いるね。

3

つぎの　文(ぶん)の　じゅつ語(ご)は、どれ？
・花(はな)たばを　もらった　お母(かあ)さんは　よろこんだ。

㋐ 花(はな)たばを　　㋑ もらった
㋒ お母(かあ)さんは　　㋓ よろこんだ

4

なかまはずれの　ことばは、どれ？

㋐ 黄(き)　　㋑ 赤(あか)
㋒ 百(ひゃく)　　㋓ 黒(くろ)

5

「五日(いつか)　たつと、」や　「やがて」が　あらわして　いる　ものは、何(なに)？

㋐ 時間(じかん)の　じゅんじょ
㋑ 大切(たいせつ)さの　じゅんじょ
㋒ はっぴょうの　じゅんじょ

★16ページのこたえ

❶㋑「まちには」の　後(あと)に　「、」が　うって　あるので、多(おお)いのは　「はいしゃ」では　なくて、「いしゃ」だね。
❷㋐ しゅ語(ご)は、「だれが(は)」や　「何(なに)が(は)」に　当(あ)たる　ことばだよ。

人に つたわる 文を 書こう②

1

つぎの ＿＿の ことばと にた いみの ことばは、どれ？

・小鳥たちの うつくしい 鳴き声が 聞こえる。

[ア] 楽しい　[イ] うれしい
[ウ] きれいな　[エ] かわいい

2

つぎの ＿＿の ことばと はんたいの いみの ことばは、どれ？

・わたしが もらった アメの 数は、兄さんより 少ない。

[ア] 小さい　[イ] 多い
[ウ] 細かい　[エ] 高い

★19ページのこたえ

❸[エ]「ざんざん」は、雨が いきおいよく ふる ようすが つたわるね。
❹[ア] はく手の 大きな 音を、かみなりに たとえて いるんだよ。
❺[ウ]「毛糸」と いう ことばに なるよ。

国語 2年

3 つぎの 文の □に 入る ことばは どれ？
・雨が □□□ ふって いる。

ⓐ ぽんぽん　ⓘ ぽかぽか　ⓦ さんさん　ⓔ ざんざん

4 つぎの 文の □に 入る ことばは どれ？
・コンサート会場は、□□□のような
はく手に つつまれた。

ⓐ かみなり　　ⓘ ゆき
ⓦ たつまき　　ⓔ ふぶき

5 つぎの □に 入る かん字は どれ？
・毛□

ⓐ カ　ⓘ 川　ⓦ 糸　ⓔ 火

★ **18ページのこたえ**

❶ⓦ 「うつくしい」も 「きれい」も、形や 音などが ととのって いて、気も
ちよく かんじられる ようすを あらわす ことばだよ。
❷ⓘ はんたいの いみの ことばは、「多少」のように 一組で おぼえよう。

国語 3年 オモシロ問題

こそあど言葉が指しているものは？

問題

次の文の(　)に入る言葉は、どれ？

(1) 向こうにおかが見えますね。かつて、(　　　)には深い森がありました。

(2) あなたが今、見ている(　　　)が、かっぱの手形です。

(3) 急行はとなりの駅にはとまりますが、(　　　)駅にはとまりません。

㋐ それ　　㋑ この　　㋒ あそこ

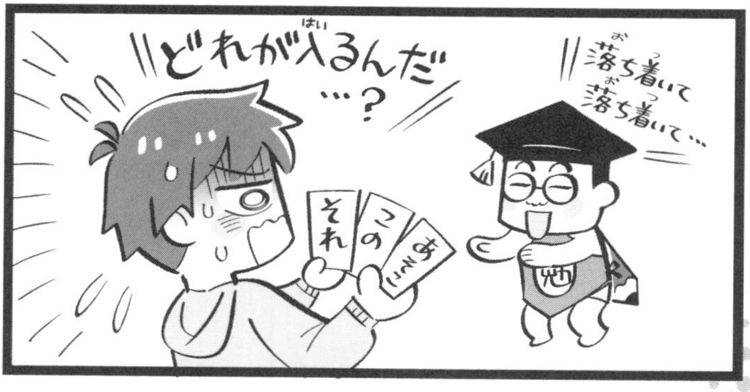

こたえ

(1) **ウ**　　(2) **ア**　　(3) **イ**

かいせつ

　(1)のように自分からも相手からも遠いものを指す場合は、頭に「あ」がつくこそあど言葉を、(2)のように相手の近くにあるものを指す場合は、頭に「そ」がつくこそあど言葉を、(3)のように自分の近くにあるものを指す場合は、頭に「こ」がつくこそあど言葉を使います。

頭に「ど」がつくときは何を指すの？

わかりません‼

えーっ??

だ〜か〜ら〜、「どの」や「どれ」などは、何を指すのかわからない場合に使われるんですっ！

こそあど言葉のしゅるいや使い方をおぼえたら、文章の内ようが正しくとらえられるようになりますよ

		物事	場所	方向	ようす
こ	自分に近い場合	この これ	ここ	こちら こっち	こんな こう
そ	相手に近い場合	その それ	そこ	そちら そっち	そんな そう
あ	自分からも 相手からも遠い場合	あの あれ	あそこ	あちら あっち	あんな ああ
ど	指すものが はっきりしない場合	どの どれ	どこ	どちら どっち	どんな どう

こそあど言葉は、いろいろな言葉の代わりになるんだね

そうです。こそあど言葉を使うことで、すっきりとした文章になるんです

でもお兄ちゃんみたいに、こそあど言葉ばっかり使ってちゃダメなのよね

その通り！　まったく使わないのも、使いすぎなのも問題です。相手にもちゃんと意味がつたわるように使いましょう!!

国語 3年 チャレンジ

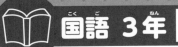

国語辞典の使い方

1

言葉の意味や言葉の使い方を知りたいときは、どれを使う？

㋐ 百科事典
㋑ 漢字辞典
㋒ 国語辞典
㋓ 勉強オジサン図鑑

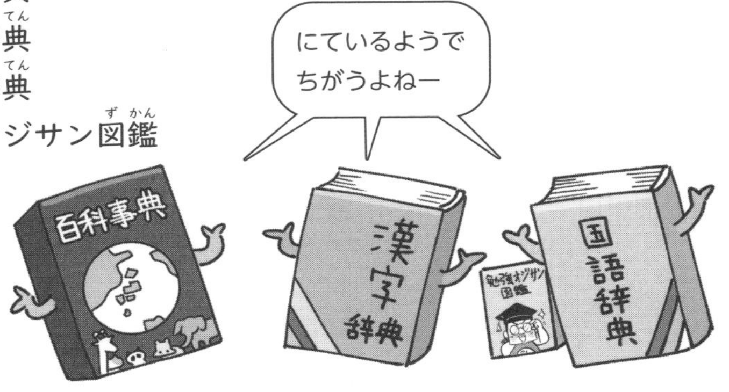

2

次の言葉を国語辞典にのっているじゅん番にならべかえたとき、3番目に来るものは、どれ？

㋐ かいもの　　㋑ おんせん
㋒ かえだま　　㋓ かいせい

★25ページのこたえ

❸㋓ せい音→だく音→半だく音のじゅんにならぶので、㋑→㋒→㋓→㋐のじゅんになるよ。
❹㋓ 新記ろくをつくったんだから、この場合は㋓がふさわしいね。
❺㋑「なめらか」は、すべすべしているようすを表す言葉なんだ。

3

次の言葉を国語辞典にのっているじゅん番にならべかえたとき、3番目に来るものは、どれ？

㋐　パート 　　㋑　ハート

㋒　ハード 　　㋓　バード

4

次の文の＿＿の言葉の意味は、どれ？
・弟が大食いきょうそうで新記ろくを出す。

㋐　物を内から外に動かす。
㋑　人に物をていきょうする。
㋒　乗り物をはっ進させる。
㋓　あるけっかを生みだす。

5

次の文の□に入る言葉の意味は、どれ？
・お母さんは、はだを□にするクリームを顔にぬっている。

㋐　のびやか 　　㋑　なめらか

㋒　にこやか 　　㋓　なだらか

★24ページのこたえ

❶㋒ 国語辞典は、漢字ではどのように書くのかを知りたいときも使えるよ。

❷㋐ 国語辞典は言葉が五十音じゅんにのっているので、㋑→㋓→㋐→㋒のじゅんになるよ。

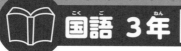

国語 3年 チャレンジ

こそあど言葉

1

何かを指ししめす言葉をまとめたよび名は、どれ？

㋐ おくに言葉　㋑ こそあど言葉
㋒ はやし言葉　㋓ てにをは言葉

2

次の会話文の□1・2に入る言葉は、どれ？

㋐ どの　㋑ この
㋒ その　㋓ あの

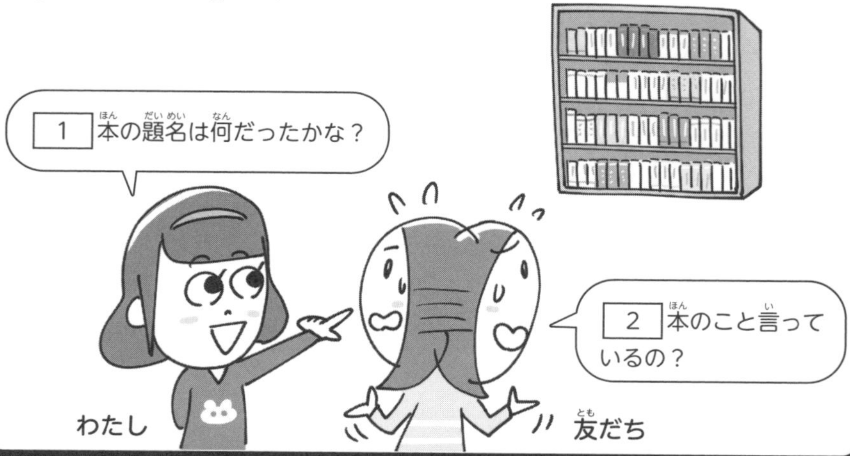
[1] 本の題名は何だったかな？
[2] 本のこと言っているの？
わたし
友だち

★27ページのこたえ

❸㋒「こ・そ・あ・ど」で始まる言葉をさがそう。
❹㋑ どこへ遊びに行くのかと考えれば、「遊園地」を指しているとわかるね。
❺㋒ お母さんからのことづてをすべて指していることに注意しよう。

❸ 次の＿＿の中で、何かを指ししめす言葉は、どれ？

・お父さんは、㋐公みん館で㋑ヨガ教室に申しこんだ。㋒それは、㋓五日前のことだ。

❹ 次の＿＿の言葉が指しているものは、どれ？

・となりまちに新しい遊園地ができた。今度の日曜日に、友だちとそこへ遊びに行くつもりだ。

㋐　となりまち　　㋑　遊園地

㋒　日曜日　　㋓　友だち

❺ 次の＿＿の言葉が指しているものは、どれ？

・「スーパーでたまごとパンを買ってきて。」これが、お母さんからのことづてだよ。

㋐　スーパー　　㋑　たまごとパン

㋒　「スーパーでたまごとパンを買ってきて。」

★26ページのこたえ

❶㋑「こ・そ・あ・ど」で始まり、ものや人などを指ししめす言葉だよ。

❷1＝㋓　2＝㋐　どちらからも遠い場所にある本を指しているので、1には「あの」が入るんだ。2は、友だちがたずねているので、「どの」が入るよ。

27

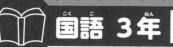

国語 3年　チャレンジ

へんとつくり

1

次のカードを２まい組み合わせたとき、つくることができない漢字は、どれ？

㋐ 配　㋑ 酒
㋒ 動　㋓ 始

西　台　重
力　女　己

2

次の図の色のついた部分を部首としたとき、名前は、どれ？

㋐ つくり
㋑ みょう
㋒ にぎり
㋓ へん

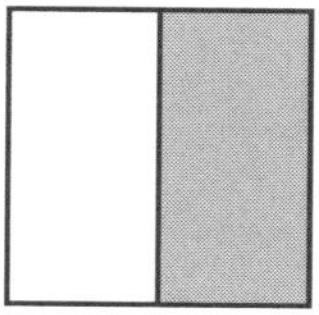

★29ページのこたえ

❸㋒「相」のおおまかな意味を表す部分は「目(め)」、他の漢字は「木(きへん)」だよ。
❹㋓「住」「係」など、人のせいしつや、じょうたいにかん係する漢字が多いね。
❺㋐「動」「助」「勉」など、力を入れたじょうたいを表す漢字が多いね。

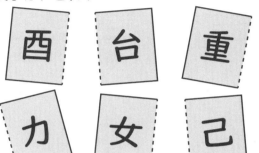

❸

部首が、1つだけちがう漢字があるよ。それは、どれ？

ⓐ 橋　　ⓘ 植

ⓤ 相　　ⓔ 柱

木にかん係してない漢字は、どれかな？

❹

「イ(にんべん)」が表すおおまかな意味は、何？

ⓐ 頭部　　ⓘ 水

ⓤ 言葉　　ⓔ 人

❺

「力がある・力を入れる」などの意味を表す部首は、どれ？

ⓐ 力(ちから)　　ⓘ 阝(おおざと)

ⓤ 欠(あくび)　　ⓔ 頁(おおがい)

★28ページのこたえ

❶ⓘ 「氵(さんずい)」のカードはないので、「酒」はつくれないね。

❷ⓐ 漢字の右がわの部分を「つくり」、左がわの部分を「へん」と言うよ。

国語 3年 チャレンジ

手紙の書き方／原こう用紙の使い方

1

手紙を書くとき、自分のつたえたいことを書くのは、どこ？

㋐ はじめのあいさつ　㋑ 本文

㋒ むすびのあいさつ　㋓ 後づけ

[㋓]	[㋒]	[㋑]	[㋐]
十一月五日 出北 マツリ	ぜひ、見に来 てください。	十一月二十日 (土)の午前十時 から、音楽会が あります。 わたしは指き 者にえらばれま した。	先生、お元気 ですか。わたし は元気です。

2

ふうとうに入れて手紙を送るとき、相手の住所と名前を書く場所は、どこ？

㋐ ふうとうの表　㋑ 手紙の書き出し部分

㋒ ふうとうのうら　㋓ 手紙のうらがわ

★31ページのこたえ

❸㋓ ダッシュは、さいごまで言い切らず、とちゅうで止める場合にも使うよ。

❹㋒ 題名は、はじめの行に、2、3ますほど空けて書くんだよ。

❺㋑ 句読点は前の行のさいごのますの下に書いてもいいんだよ。

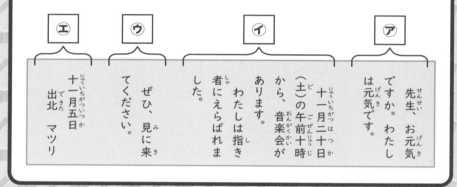

③

せつ明をおぎなう場合に使うふ号は、どれ？

ア 。（句点）　　**イ** 、（読点）
ウ ・（中点）　　**エ** ──（ダッシュ）

④

原こう用紙を使って作文を書くよ。題名を書く場所は、どこ？

ア はじめの行の、いちばん上のます目に書く。
イ さいごの行の、いちばん上のます目に書く。
ウ はじめの行の、上から2、3ますほど空けて書く。
エ さいごの行の、上から2、3ますほど空けて書く。

⑤

原こう用紙に書くとき、句読点が次の行のはじめに来てしまうこともあるよね。そんなときに句読点を書く場所は、どこ？

ア そのまま次の行の１ます目に書く。
イ 前の行のいちばん下のますに、文字とともに書く。
ウ 前の行のさいごの文字とともに、次の行の１ます目に書く。

★30ページのこたえ

❶イ 用事や知らせたいことは、本文に書くんだよ。
❷ア ふうとうの表がわには、相手の住所と名前を書くよ。相手の名前の下には、「様」や「御中」などを書きわすれないように気をつけよう。

31

主語・じゅつ語・しゅうしょく語

1

次の文の＿＿1〜3が表しているものは、それぞれ何？

・₁お父さんの　₂おなかが　グーグー　₃鳴った。

ア　主語　　　　　　　　イ　じゅつ語
ウ　しゅうしょく語　　　エ　せつぞく語

2

次の文の□1・2に入る言葉は、どれ？

・□1　犬が　□2　鳴いた。

ア　はげしく　　　　イ　細かな
ウ　なだらかに　　　エ　大きな

★33ページのこたえ
❸エ 「わたし」は、「おととい」に何をしたのかを考えよう。
❹ア 「妹の」につづけて読んで、意味が通じる言葉をさがそう。
❺ウ 水が少しだけ流れるようすを表すしゅうしょく語が入るよ。

③

次の＿＿の言葉（ことば）が係（かか）っている言葉（ことば）は、どれ？

・わたしは、おととい　四国（しこく）の　いとこに　電話（でんわ）を　かけた。

⑦　四国（しこく）の　　　④　いとこに

⑨　電話（でんわ）を　　　④　かけた

④

次（つぎ）の＿＿の言葉（ことば）が係（かか）っている言葉（ことば）は、どれ？

・妹（いもうと）の　ぼうしが、風（かぜ）に　とばされて　川（かわ）に　落（お）ちた。

⑦　ぼうしが　　　④　風（かぜ）に

⑨　とばされて　　④　落（お）ちた

⑤

次（つぎ）の文（ぶん）の□□に入（はい）るしゅうしょく語（ご）は、どれ？

・ホースの先（さき）から水（みず）が、□□流（なが）れる。

⑦　にょろにょろ　　　④　さばさば

⑨　ちょろちょろ　　　④　さらさら

★32ページのこたえ

❶１＝⑨　２＝⑦　３＝④　１は２をくわしくせつ明（めい）しているのでしゅうしょく語（ご）、２は「だれが（は）」に当（あ）たるので主語（しゅご）、３は「どうした」に当（あ）たるのでじゅつ語（ご）だよ。

❷１＝④　２＝⑦　犬（いぬ）の大（おお）きさや鳴（な）き方（かた）をくわしくせつ明（めい）しよう。

ことわざ

1 生きていく上でのちえや教えを、短い言葉や言い回しで表げんした言葉は、何？

- ㋐ 勉強オジサン語ろく
- ㋑ ことわざ
- ㋒ おべんちゃら
- ㋓ 言葉じり

2 「わらう門には□□来たる」の□□に入る言葉は、どれ？

- ㋐ 犬
- ㋑ おに
- ㋒ 福
- ㋓ へび

なんか楽しそうじゃな！

行ってみよう♪

わっはっはっは。

★35ページのこたえ

❸1＝㋒ 2＝㋑ たすきは、着物のそでをたくし上げるためのものだよ。

❹㋓ 「その道にすぐれた人でもしっぱいすることがある」という意味なんだ。

❺㋐ 「石橋をたたいてわたる」は、「用心に用心を重ねる」という意味なんだ。㋐は「あぶないことをする」という意味だよ。

3

「 1 に短し、 2 に長し」は、「ちゅうとはんぱで役に立たない」という意味の言葉だよ。□1・2に入る言葉は、どれ？

ア　そで　　　イ　たすき

ウ　おび　　　エ　はちまき

4

「さるも木から落ちる」と意味がにている言葉は、どれ？

ア　年よりのひや水
イ　身から出たさび
ウ　とびがたかを生む
エ　かっぱの川流れ

5

「石橋をたたいてわたる」と反対の意味の言葉は、どれ？

ア　あぶない橋をわたる
イ　犬も歩けばぼうに当たる
ウ　ちりもつもれば山となる
エ　所かわれば品かわる

★**34ページのこたえ**

❶イ　ことわざには、物事の本しつや教くんがふくまれているんだよ。
❷ウ　「いつもわらってくらしている人の家には、しぜんに福運がめぐってくる」という意味なんだ。

故事成語

1

中国につたわる昔の出来事や物語が元になってできた言葉は、何？

- ㋐ さかさ言葉
- ㋑ 早口言葉
- ㋒ 故事成語

2

「五十歩百歩」の意味は、どれ？

- ㋐ わずかなちがいはあるものの、大きなちがいではないこと。
- ㋑ 心配しなくてよいことを、あれこれ心配すること。
- ㋒ 苦労して学問にはげむこと。苦学したせいか。
- ㋓ 詩や文章の言い回しなどを練り直すこと。

★37ページのこたえ

❸㋑ 「漁夫の利」は、「二者があらそっているすきに、第三者がりえきを横取りする」という意味だよ。

❹㋒ 「矛盾」は「つじつまが合わないこと」という意味だよ。

❺㋓ ヘビに足はないよね。「蛇足」は「よけいなつけ足し」という意味なんだ。

36

学習した日 ／ ／ ／

3

「漁夫の□」の□に入る言葉は、どれ？

㋐ あみ　㋑ 利　㋒ そん　㋓ 船

4

次の文の□に入る言葉は、どれ？

・口にクリームがついているのに、弟は「つまみ食いはしてないよ」と、□したことを言った。

㋐ 推敲　㋑ 杞憂
㋒ 矛盾　㋓ 登竜門

5

「蛇足」の使い方として正しいものは、どれ？

㋐ 姉は作文を何度も蛇足したので、先生にほめられた。
㋑ 兄は持ち物のかん理が蛇足なので、ものをよくなくす。
㋒ 新人しょうを取ることが、作家としての蛇足だ。
㋓ 「蛇足ですが」と言ってから、勉強オジサンは30分も話しつづけた。

★36ページのこたえ

❶㋒ 「故事」とは、昔の出来事や物語のことだよ。
❷㋐ 五十歩にげたへいしが百歩にげたへいしに「弱虫」と言うと、「あなただってにげたじゃないか」と言われたというたとえ話から生まれた言葉なんだ。

国語 3年　チャレンジ

漢字の読み

1

漢字には音読みとくん読みがあるよ。音読みのせつ明として正しいものは、どれ？

㋐ 漢字に、同じ意味の日本語をあてはめた読み方。

㋑ 中国からつたわった漢字の発音を取り入れた読み方。

㋒ 耳で聞いただけで、すぐに意味がわかる読み方。

2

次の____の言葉のうち、２字ともくん読みが使われているものは、どれ？

㋐ 今日は朝礼があるから、早めに登校しよう。

㋑ 今朝は雨がふったので、屋内で遊んだ。

㋒ きのう読んだ本の題名をわすれてしまった。

㋓ 日がくれてきたので、急いで家路についた。

★39ページのこたえ

❸㋑「宿屋」は、２字ともくん読みをする言葉だよ。

❹㋒「千」を「ち」、「代」を「よ」と読む言葉は、とても少ないんだ。

❺㋐「注意」は、２字とも音読みをする言葉だよ。

3

次の文の＿＿の漢字の読み方は、どれ？

・合宿の　宿屋にあった　ろてんぶろ

㋐ しゅくや　㋑ やどや
㋒ しゅくおく　㋓ やどおく

4

次の文の＿＿の漢字の読み方は、どれ？

・千代紙で　小箱を千こ　つくったよ

㋐ ちとせ　㋑ せんだい
㋒ ちよ　㋓ せんねん

5

次の文の＿＿の漢字の読み方は、どれ？

・あついを湯を　注ぐときには　注意して

㋐ ちゅうい　㋑ ちょうり
㋒ しゅうり　㋓ ちゃくち

★38ページのこたえ

①㋑ 音読みは、中国からつたわった発音を取り入れた読み方なんだ。だから、聞いただけでは意味がわかりづらいよ。㋐と㋒はくん読みのせつ明だね。
②㋓「路(じ)」はくん読みだよ。他は２字とも音読みの言葉だね。

漢字の書き①（くん読み）

1

次の文の＿＿を漢字に直すと正しいものは、どれ？

・夏休みは、富士山にノボる予定だ。

ア　乗　　イ　上
ウ　直　　エ　登

2

次の文の＿＿を漢字に直すと正しいものは、どれ？

・ロバがせなかにたきぎをオう。

ア　員　　イ　貝
ウ　負　　エ　追

なかなかむずかしい問題ですね！

★41ページのこたえ

❸ア　「羊が大きいと美しい」と、おぼえよう。

❹イ　「待」は「侍」とまちがえやすいから注意しよう。

❺エ　「等しい」は「同じ」「きじゅんとするものに近い」という意味だよ。

3

次の文の＿＿＿を漢字に直すと正しいものは、どれ？

・今日の夕やけは、とてもウツクしい。

㋐ 美　㋑ 羊

㋒ 着　㋓ 実

4

次の文の＿＿＿を漢字に直すと正しいものは、どれ？

・書店で、友だちが来るのをマつことにした。

㋐ 時　㋑ 待

㋒ 持　㋓ 寺

おそいよー
むさし！
Books
本
ごめーん
こじろうー

5

次の文の＿＿＿を漢字に直すと正しいものは、どれ？

・勉強オジサンがライバルに勝つ見こみはゼロにヒトしい。

㋐ 答　㋑ 算

㋒ 筆　㋓ 等

★40ページのこたえ

❶[エ] 「登山」という言葉を思い出すと、こたえがわかるね。

❷[ウ] 物をせなかにのせる場合なので、こたえは「負う」だよ。「追う」は、後ろから追いかける場合に使うんだ。

国語 3年　チャレンジ

漢字の書き②(音読み)

1

次の文の＿＿を漢字に直すと正しいものは、どれ？

・いとこのけっこん式にシンゾクが集まる。

㋐ 親旅　㋑ 新旅

㋒ 親族　㋓ 新族

2

次の文の＿＿を漢字に直すと正しいものは、どれ？

・クラス全員でカイガンのごみ拾いをした。

㋐ 毎炭　㋑ 海炭

㋒ 毎岸　㋓ 海岸

★43ページのこたえ

❸㋐「両」は、はかりの左右にのった重りの形からできた漢字なんだ。

❹㋒「薬」のくん読みは「くすり」で、「薬指」「目薬」などと使うよ。

❺㋑「第」の上の部分は「⺮」、「弟」の上の部分は「丷」だよ。

❸

次の文の＿＿＿を漢字に直すと正しいものは、どれ？

・明日は体そう服と運動ぐつの<u>リョウホウ</u>がひつようです。

⑨ア　両方　　⑨イ　雨方

⑨ウ　面方　　⑨エ　南方

❹

次の文の＿＿＿を漢字に直すと正しいものは、どれ？

・おじいさんは、<u>ヤッキョク</u>でシップを買った。

⑨ア　楽局　　⑨イ　薬曲

⑨ウ　薬局　　⑨エ　役曲

お大事に―

けっきょく
ここで
買うんじゃー

❺

次の文の＿＿＿を漢字に直すと正しいものは、どれ？

・お父さんは「やっぱり、けんこう<u>ダイイチ</u>だ。」と言った。

⑨ア　台一　　⑨イ　第一

⑨ウ　代一　　⑨エ　弟一

★ 42ページのこたえ

❶ウ　「親」と「新」、「族」と「旅」のように形がにている漢字は、ちがう部分に注目して見分けよう。

❷エ　「岸」は、「干」の部分が「ガン」という音を表しているんだよ。

ローマ字

1

アルファベットの大文字と小文字の組み合わせが正しいものは、どれ？

- ㋐ Mとn
- ㋑ Rとr
- ㋒ Bとd
- ㋓ Gとq

2

（ ）内の言葉がローマ字で正しく書かれて・い・な・い・もの・は、どれ？

- ㋐ honya（本屋）
- ㋑ koppu（コップ）
- ㋒ kaisya（会社）
- ㋓ ukiwa（うきわ）

本ニャ

★45ページのこたえ

❸㋒ のばす音は、「a・i・u・e・o」の上に「＾」をつけて書くんだよ。

❹㋓ 「ぢ」のローマ字表記は2つあるけれど、「ZI」と打つと「じ」になるよ。

❺㋒ カタカナの言葉ののばす音を入力するときは、「ー」を打つんだよ。

3

「京都府」をローマ字で正しく書いたものは、どれ？

㋐ Kyoto-fu　　㋑ Kiyouto-hu
㋒ Kyôto-fu　　㋓ KIYOTO-HU

4

キーボードを使って、ローマ字入力で「ぢ」と打つよ。正しいものは、どれ？

㋐ G I　　㋑ Z I
㋒ J I　　㋓ D I

5

キーボードを使って、ローマ字入力で「ソース」と打つよ。正しいものは、どれ？

㋐ 「S O ^ S U」と打って、へんかんする。
㋑ 「S O U S U」と打って、へんかんする。
㋒ 「S O ー S U」と打って、へんかんする。
㋓ 「S O O S U」と打って、へんかんする。

★44ページのこたえ

❶㋑ 大文字と小文字では形がちがうものもあるので、注意がひつようなんだ。
❷㋐ はねる音「ん(n)」の後に、「a・i・u・e・o」や「y」が来る場合は、読みまちがえないように、「n」の後に「'」をつけるよ。

国語 3年 チャレンジ

同じ読みの漢字

1

次の絵と文を見てこたえよう。＿＿の言葉にあてはまる漢字は、どっち？

・カミの人形をかざる。

㋐ 上　㋑ 紙

2

次の絵と文を見てこたえよう。＿＿の言葉にあてはまる漢字は、どっち？

・いじょうがないか、カワにふれて調べる。

㋐ 川　㋑ 皮

★47ページのこたえ

❸㋐「ウリ売りがウリを売りに来た。」と言葉をおぎなうと、よくわかるね。

❹㋐ 1「記事を書く者」、2「会社に帰る」、3「じょう気(汽)の車」と考えよう。

❺㋒ 1「次の期間」、2「何かをする時や期間」と考えよう。

3

「うりうりがうりうりにきた。」という文を、意味がわかるように、漢字とかなを交ぜて書いたものは、どれ？

㋐ ウリ売りがウリ売りに来た。
㋑ ウリウリが売りウリに来た。
㋒ 売り売りがウリ売りに来た。

4

次の文の＿＿1～3を漢字に直したとき、組み合わせが正しいものは、どれ？

・新聞₁キシャが₂キシャして、₃キシャに乗った記事を書いた。

㋐ 1＝記者、2＝帰社、3＝汽車
㋑ 1＝汽車、2＝帰社、3＝記者
㋒ 1＝帰社、2＝記者、3＝汽車
㋓ 1＝汽車、2＝記者、3＝帰社

5

次の文の＿＿1・2を漢字に直したとき、組み合わせが正しいものは、どれ？

・そろそろ₁ジキ学級委員をえらぶ₂ジキだ。

㋐ 1＝時期、2＝次期　㋑ 1＝自記、2＝次記
㋒ 1＝次期、2＝時期　㋓ 1＝次記、2＝自記

★46ページのこたえ

❶㋑ おり紙でつくられた人形なので、この場合は「紙」だね。
❷㋑ みかんの皮にさわっているので、この場合は水が流れる「川」ではなくて、動植物の外がわをおおっている「皮」があてはまるね。

漢字は部首に注目しよう

次の漢字の部首名を、下の ┈┈┈┈ から1つずつ選ぼう。

(1) 住

(2) 菜

(3) 柱

┈┈┈┈┈┈┈┈┈┈┈┈┈┈┈┈┈┈┈┈┈┈┈┈┈┈
くさかんむり　　きへん　　たけかんむり　　にんべん
┈┈┈┈┈┈┈┈┈┈┈┈┈┈┈┈┈┈┈┈┈┈┈┈┈┈

こたえ

(1)にんべん　　(2)くさかんむり　　(3)きへん

かい説

　「住」の部首は「イ（にんべん）」で、人のせいしつやじょうたいなどを、「菜」の部首は「艹（くさかんむり）」で、草の名前や草でつくったものなどに関係することを、「柱」の部首は「木（きへん）」で、木の種類や部分、木でできたものなどに関係することを表すよ。

漢字の妖精は見えていますか？　部首がにんべんの妖精は人にまつわる形を、部首がくさかんむりの妖精は草花にまつわる形を、部首がきへんの妖精は木にまつわる形をしているんです

あっ！　見えてきたかも

にんべん

くさかんむり

きへん

部首を覚えたら、たくさんの漢字を区別できるように
なりますよ

部首と例			意味	漢字の例
へん		イ（にんべん）	人のせいしつ	仕・伝
		阝（こざとへん）	おか・もり土	陸・階・防
		氵（さんずい）	水の流れ	清・浅・満
		木（きへん）	木・木せい品	材・梅・札
つくり		頁（おおがい）	頭部・すがた	頭・顔・類
		阝（おおざと）	人の住む場所	部・郡・都
かんむり		宀（うかんむり）	家・屋内のようす	宮・室・官
		艹（くさかんむり）	草花	薬・英・芽
		癶（はつがしら）	足の動作	発・登
あし		灬（れんが・れっか）	はげしくもえている火	点・然・熱
		心（こころ）	心の動き	感・想・悲
にょう		辶（しんにょう）	行く・遠近	道・辺・進
		走（そうにょう）	歩く・走る・行く	趣・起
たれ		厂（がんだれ）	がけ・石	原・厚
		广（まだれ）	建物・家	広・店・庫
かまえ		囗（くにがまえ）	かこむ・めぐる	国・固・園
		行（ぎょうがまえ）	行く・道路・街	行・街

じゃあ、部首が同じ漢字って、
どうやって覚えていくの？

えーっと、部首が同じ漢字は読み方や意味を調べる
とイメージをつかみやすくなりますよ

漢字の組み立て

1

3つの漢字が、それぞれ2つに分かれてしまったよ。これらを組み合わせたとき、つくれない漢字は、どれ？

ア 置　イ 府
ウ 植　エ 固

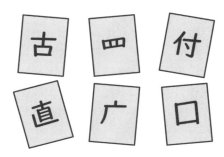

古　四　付
直　广　口

2

次の1・2の色をつけた部分は、漢字のおおまかな意味を表す部分（部首）だよ。それぞれの名前は、どれ？

ア へん
イ にょう
ウ あし
エ かんむり

1

2

★53ページのこたえ

❸エ 上の部分にある「⺮」は、「たけかんむり」だよ。
❹ア ア～エを右側につけてたしかめよう。「都」と「郡」ができるね。
❺イ 「氵」がつく漢字は水のじょうたいや水をともなう動作に関係しているよ。

52

3

「管」「筆」「節」に共通する部首は、どれ？

㋐ うかんむり　㋑ くさかんむり
㋒ わかんむり　㋓ たけかんむり

4

「者」と「君」の右側に、ある部首をつけたら別の漢字になるよ。それは、どれ？

㋐ 阝(おおざと)　㋑ 卩(ふしづくり)
㋒ 斤(おのづくり)　㋓ 攵(ぼくにょう)

5

水に関係のある漢字をつくっている部分(部首)は、どれ？

㋐ 夊(すいにょう)　㋑ 氵(さんずい)
㋒ 彡(さんづくり)　㋓ 灬(れんが・れっか)

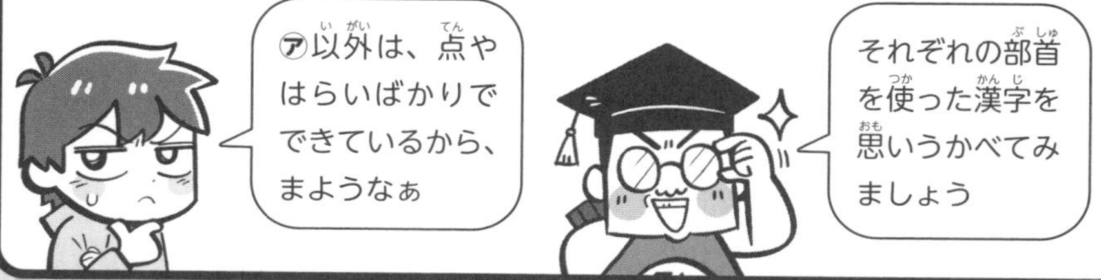
㋐以外は、点やはらいばかりでできているから、まようなぁ
それぞれの部首を使った漢字を思いうかべてみましょう

★ 52ページのこたえ

❶㋒ 分かれた部分に「木(きへん)」はないから、「植」はつくれないね。

❷ 1＝㋑ 2＝㋒ 1には「辶(しんにょう)」や「走(そうにょう)」などが、2には「灬(れんが・れっか)」や「心(こころ)」などがあるよ。

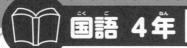

国語 4年　チャレンジ

漢字辞典の使い方

1

漢字辞典では知ることができないものは、どれ？

㋐ 漢字の成り立ち
㋑ 漢字の画数
㋒ 英単語の意味
㋓ 漢字の読み方

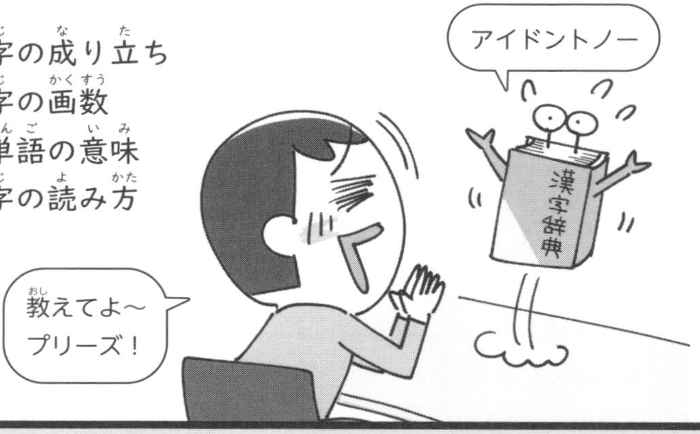
アイドントノー
漢字辞典
教えてよ～
プリーズ！

2

次の漢字のうち、1つだけ部首がちがうものがあるよ。それは、どれ？

㋐ 秋　㋑ 利
㋒ 種　㋓ 秒

★55ページのこたえ

❸㋒ ㋐は読み方も部首もわからないとき、㋑は部首がわかるときに使うよ。
❹㋑「連」は10画、他は9画だよ。「⻌」は3画で書くことに注意しよう。
❺㋐「努」の部首は「力（ちから）」だよ。

3

漢字辞典には、3つのさくいんがあるよ。漢字の読み方がわかるときに使うさくいんは、どれ？

ⓐ そう画さくいん　ⓘ 部首さくいん　ⓦ 音訓さくいん

4

次の漢字のうち、1つだけそう画数がちがうものがあるよ。それは、どれ？

ⓐ 便　ⓘ 連　ⓦ 省　ⓔ 祝

5

ある漢字がバラバラになってしまったよ。これらを組み合わせてできる漢字は、どれ？

ⓐ 努　ⓘ 始
ⓦ 受　ⓔ 勇

★54ページのこたえ

❶ⓦ 漢字辞典では、他にも部首やその漢字を使った語句などを知ることができるよ。

❷ⓘ 「利」の部首は「リ（りっとう）」、他は「禾（のぎへん）」だよ。

国語 4年　チャレンジ

言葉の意味

1

次の各文の□に共通して入る言葉は、どれ？

・友だちがテストでよい点を□。
・妹がチョウを□。
・勉強オジサンがマスクを□。

㋐ つかまえる　㋑ ぬぐ
㋒ 入れる　㋓ とる

2

次の各文の□に共通して入る言葉は、どれ？

・おかしのねだんが□と聞いたおばあちゃんは、ショックでねこんだ。
・勉強オジサンでも、人前に出ると□そうだ。
・急に飛んできた虫を見て、お母さんの悲鳴が□。

㋐ あがる　㋑ はじける
㋒ 落ち着く　㋓ ふるえる

★57ページのこたえ

[3]㋑「ひく」は、他にも「戸などを横に動かす」など多くの意味があるんだ。
[4]㋒ この場合の「たてる」を漢字に直すと、「建てる」と書くよ。
[5]㋑「かける」は、他にも「おおう」などの意味があるんだ。

3 次の文の＿＿の言葉の意味は、どれ？

・おじいちゃんがウクレレを<u>ひく</u>。

ア すそを引きずる　　　イ 楽器をえんそうする

ウ 先に立って進む　　　エ 自分の方によせる

4 次の文の＿＿の言葉の意味は、どれ？

・おかの上にマンションを<u>たてる</u>。

ア まっすぐにする　　　イ 横になったものを起こす

ウ 建物をつくる　　　　エ 物事を成立させる

5 次の文の＿＿の言葉の意味は、どれ？

・お父さんがハンガーにコートを<u>かける</u>。

ア 速く走る　　　　　　イ 高いところから下げる

ウ 空高く飛ぶ　　　　　エ 物の一部がこわれる

★56ページのこたえ

❶エ それぞれ「える」「つかまえる」「ぬぐ」という意味で使われているんだ。

❷ア それぞれ「高くなる」「きんちょうする」「いきおいよく起こる」という意味だよ。「あがる」には、他にも意味がたくさんあるから辞書で調べてみよう。

国語 4年 チャレンジ

慣用句①

1

「目から□が出る」は、慣用句だよ。□に入る言葉は、どれ？

㋐ あせ
㋑ 火
㋒ よだれ
㋓ 血

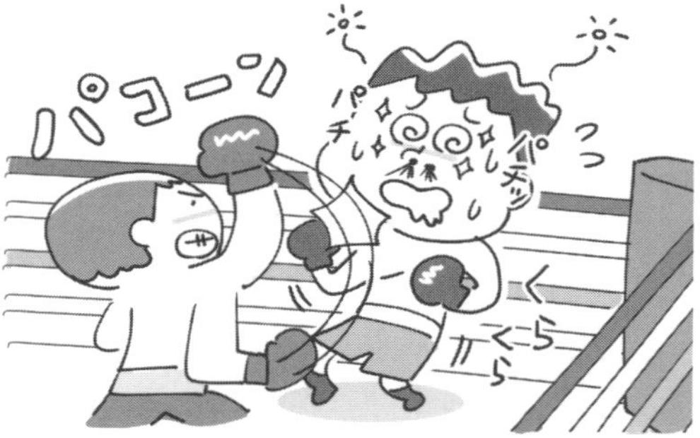

2

次の慣用句の□に共通して入る言葉は、どれ？

・□がぼうになる
・□を引っぱる
・□をのばす

㋐ こし　㋑ 手
㋒ 頭　㋓ 足

★59ページのこたえ

❸㋐「口が重い」は、「言葉数が少ない」という意味だよ。
❹㋓「馬が合う」は「気が合う」、㋓は「気心が合わない」という意味なんだ。
❺㋒ どちらも「ひじょうにおどろく」という意味の慣用句だよ。

3 次の文の＿＿の慣用句の意味は、どれ？
・テストの話題になると、お兄ちゃんは口が重くなった。

㋐ あまり話さない ㋑ ひみつをもらさない
㋒ 負けおしみを言う ㋓ 人を丸めこむように話す

4 次の文の＿＿の慣用句と反対の意味の慣用句は、どれ？
・勉強オジサンとマナブは馬が合う。

㋐ 鼻持ちならない ㋑ らちが明かない
㋒ 目もくれない ㋓ 反りが合わない

5 次の文の＿＿の慣用句と意味がにている慣用句は、どれ？
・急にあらわれた勉強オジサンを見て、マツリはこしをぬかした。

㋐ はらをかかえる ㋑ むねがいっぱいになる
㋒ きもをつぶす ㋓ 手にあせをにぎる

★58ページのこたえ

❶㋑ 頭や顔を強く打ったときの、くらくらする感じを表しているんだ。
❷㋓ それぞれ、「足がつかれてこわばる」「他人の成功などをじゃまする」「予定していた場所よりさらに遠くまで行く」という意味だよ。

慣用句（かんようく）②

1

次（つぎ）の文（ぶん）にふさわしい慣用句（かんようく）はどれ？

・もうすぐ夏休（なつやす）みが終（お）わるのに、まだ宿題（しゅくだい）が終（お）わっていない子（こ）がいるよ。

㋐ 目（め）を皿（さら）にする

㋑ へそを曲（ま）げる

㋒ しりに火（ひ）がつく

㋓ 首（くび）が回（まわ）らない

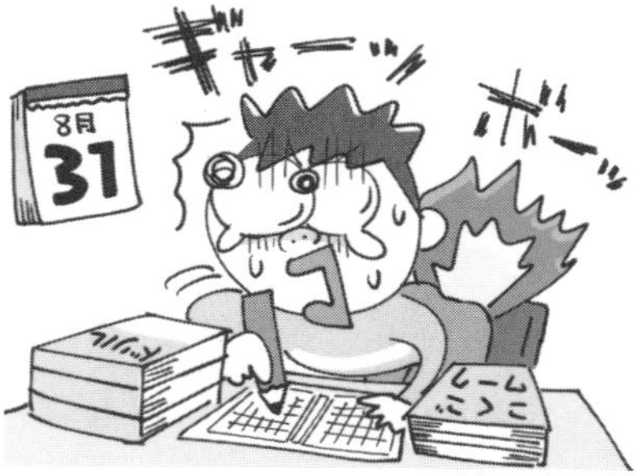

2

次（つぎ）の慣用句（かんようく）の□に共通（きょうつう）して入（はい）る動物（どうぶつ）は、何（なに）？

・借（か）りてきた□

・□なで声（ごえ）

・□のひたい

㋐ 犬（いぬ）　㋑ ねこ　㋒ 牛（うし）　㋓ さる

★61ページのこたえ

❸㋒ 慣用句（かんようく）の「エンジンがかかる」は、「調子（ちょうし）が出（で）る」という意味（いみ）だよ。

❹㋑ 慣用句（かんようく）の「かげがうすい」には、「どことなく元気（げんき）がない」という意味（いみ）もあるよ。

❺㋒ 羽（はね）をのばすは、「うるさい人（ひと）がおらず、自由（じゆう）にのびのびする」という意味（いみ）だよ。

3

「エンジンがかかる」という慣用句の使い方として正しいものは、どれ？

㋐ 勉強オジサンの古い車は、<u>エンジンがかかる</u>のに時間がかかった。

㋑ ちゅう車場からバイクの<u>エンジンがかかる</u>音がした。

㋒ 主役に選ばれた子は、練習にも<u>エンジンがかかってきた</u>。

4

次の各文の___は慣用句だよ。このうち、「自立たない」という意味で使われているのは、どれ？

㋐ <u>えりを正して</u>話を聞く。

㋑ 弟は教室では<u>かげがうすい</u>。

㋒ 赤ちゃんの<u>世話を焼く</u>。

㋓ 急な指名で<u>言葉を返す</u>間もない。

5

次の文の___の慣用句と意味がにていることわざは、どれ？

・自習になったので、ぼくは<u>羽をのばした</u>。

㋐ 案ずるより産むがやすし

㋑ さるも木から落ちる

㋒ おにのいぬ間にせんたく

★ **60ページのこたえ**

❶㋒ 「しりに火がつく」は「物事がさしせまってあわてる」という意味だよ。

❷㋑ それぞれ、「いつもとちがっておとなしいさま」「人のきげんを取るようなやさしい声」「場所がとてもせまいことのたとえ」という意味だよ。

国語 4年　チャレンジ

つなぎ言葉

1

次の□1・2に入るつなぎ言葉は、どれ？

・ぼくはテスト前に勉強をしなかった。
[1]、0点を取った。
・友だちはテスト前に勉強をしなかった。
[2]、100点を取った。

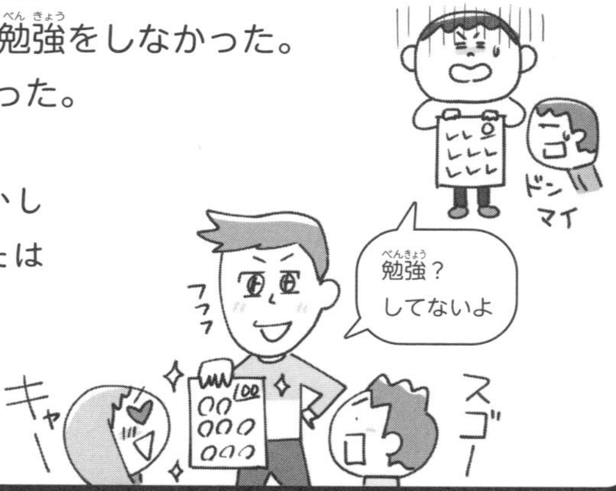
ドンマイ
勉強？
してないよ
キャー
スゴー

[ア] つまり　[イ] しかし
[ウ] だから　[エ] または

2

次の文の□に入る言葉は、どれ？

・勉強オジサンは虫歯になった。□、おかしを食べたのに歯をみがかなかったからだ。

[ア] あるいは　[イ] ところで
[ウ] けれども　[エ] なぜなら

★63ページのこたえ

❸[ア]「または」は、どちらかを選ぶときに使うんだ。
❹[ウ] 前の文と後ろの文とでは、話題が変わっているよ。
❺[ア] 毎日練習したのに、1位になれなかったんだから、「くやしい」よね。

③ 次の文の□に入る言葉は、どれ？

・遠足には、麦茶□スポーツドリンクを持ってきてください。

㋐ または ㋑ さらに ㋒ しかし ㋓ だから

④ 次の文の□に入る言葉は、どれ？

・お姉ちゃん、お帰りなさい。□、ぼくのおやつ、知らない？

㋐ そのため ㋑ それでも
㋒ ところで ㋓ 要するに

⑤ 次の文にふさわしい「わたし」の気持ちは、どれ？

・マラソン大会に向けて、わたしは川原を毎日走っていた。でも、結果は3位だった。

㋐ くやしい ㋑ すがすがしい
㋒ うれしい ㋓ にくたらしい

★62ページのこたえ

❶1＝㋒、2＝㋑ 1は前の文から予想される出来事が続くので「だから」が、2は前の文からは予想できない出来事が続くので「しかし」が入るんだ。

❷㋓ 後ろの文は、「虫歯になった」理由を説明しているね。

国語 4年　チャレンジ

じゅく語の意味

1

次の文の＿＿＿のじゅく語の意味は、どれ？

・男の子と女の子は竹林で根元が光る不思議な竹を見つけた。それを切ると、中から勉強オジサンが出てきた。

㋐ 竹でできた刀
㋑ タケノコ
㋒ 竹やぶ

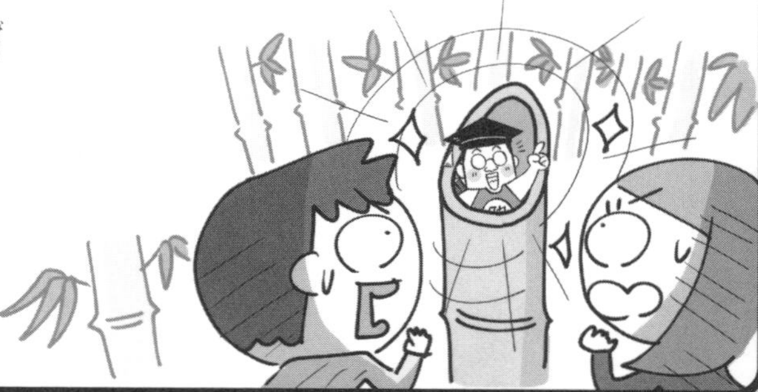

2

「周辺」というじゅく語の漢字の組み合わせは、どれ？

㋐ にた意味の漢字の組み合わせ
㋑ 反対の意味の漢字の組み合わせ
㋒ 前の漢字が後の漢字をしゅうしょくしている組み合わせ
㋓ 後に「—を」や「—に」という意味の漢字が来る組み合わせ

★65ページのこたえ

❸㋑ 訓で読むと「登山」は「山に登る」、「開票」は「票を開ける」になるよ。
❹㋒ 「流星」は「流れる星」と前の漢字が後の漢字をしゅうしょくしているよ。他は、にた意味の漢字の組み合わせだね。
❺㋐ この場合は「火を消す」という意味の「消火」がふさわしいね。

国語

4年

❸ 漢字の組み合わせが「登山」と同じじゅく語は、どれ？

⑦ 前進

④ 開票

⑦ 売買

⑨ 願望

❹ 漢字の組み合わせが他とちがうじゅく語は、どれ？

⑦ 岩石

④ 加入

⑦ 流星

⑨ 願望

❺ 次の文の＿＿を漢字に直すと正しいものは、どれ？

・ねぐらでぼやが発生したが、勉強オジサンは自分でショウ力した。

⑦ 消火

④ 消化

⑦ 唱歌

⑨ 商家

★64ページのこたえ

❶⑦ 訓で読むと「竹の林」になるよ。

❷⑦ 訓で読むと「周り」と「辺り」になるので、意味がにている漢字を組み合わせたじゅく語だとわかるね。

65

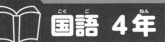

国語 4年 チャレンジ

まちがえやすい漢字

1

次の文の＿＿を漢字に直すと正しいものは、どれ？

・つまみ食いをしたときのぼくのにげ足は、とてもはやい。

㋐ 早い

㋑ 速い

㋒ 古い

㋓ 細い

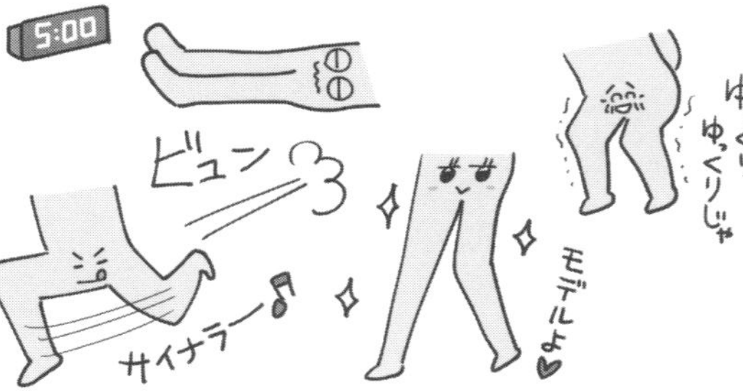

2

次の文の＿＿を漢字に直すと正しいものは、どれ？

・わたしは、思い切ってかみがたをかえることにした。

㋐ 返る

㋑ 帰る

㋒ 代える

㋓ 変える

★67ページのこたえ

❸㋒ この場合は「チャンス」という意味の「機会」がふさわしいね。

❹㋓ この場合は「公平で正しいこと」という意味の「公正」がふさわしいね。

❺㋐ 「戸」には「とびら」の他に、「家」や「住民」といった意味もあるよ。

3

次の文の＿＿を漢字に直すと正しいものは、どれ？

・勉強オジサンは、笑いを取るきかいをのがさない。

㋐ 機械　㋑ 器械　㋒ 機会

4

次の文の＿＿を漢字に直すと正しいものは、どれ？

・げきの主役は、こうせいを期してクジで選ぶことになった。

㋐ 後世　㋑ 校正
㋒ 後生　㋓ 公正

5

「戸外」の意味と読み方の組み合わせが正しいものは、どれ？

㋐ 意味＝家の外、読み方＝こがい
㋑ 意味＝家の数、読み方＝とがい
㋒ 意味＝門の外、読み方＝こそと
㋓ 意味＝門の数、読み方＝とそと

★66ページのこたえ

❶㋑ 動きや速度には「速い」、時間や時こくには「早い」を使うことが多いよ。
❷㋓ 訓読みが同じ漢字は、㋐「返事」、㋑「帰国」、㋒「代理」、㋓「変化」など、その漢字を使ったじゅく語に直して考えよう。

国語 4年　チャレンジ

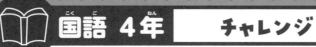

漢字の読み①(訓読み)

1

次の文の＿＿の漢字の読み方は、どれ？

・ぼくは七夕の短ざくに「石油王になりたい」と書いた。

㋐ しちゆう
㋑ たなばた
㋒ ななゆう
㋓ たなぼた

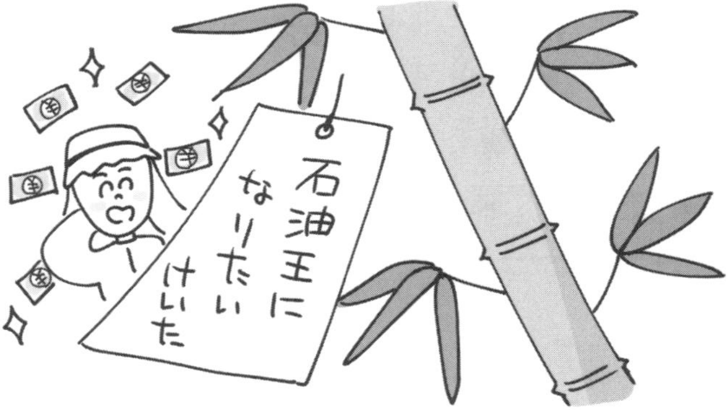

2

次の文の＿＿の漢字の読み方は、どれ？

・わたしは愛媛県でミカンの食べくらべを楽しんだ。

㋐ えひめ　㋑ あいひめ
㋒ ういひめ　㋓ まなひめ

★69ページのこたえ

❸㋓ 「試みる」とは、「ためしにやってみる」という意味だよ。
❹㋒ 音読みは「シャク」で「借家」「借用」などと使うよ。
❺㋑ もう1つの訓読みは「あらた(まる)」、音読みは「カイ」だよ。

3

次の文の＿＿の漢字の読み方は、どれ？

・ぼくは、20点のテストをかくそうと、あれこれ試みた。

㋐ かいま　㋑ かえり
㋒ ぬすみ　㋓ こころ

4

次の文の＿＿の漢字の読み方は、どれ？

・友だちから借りた漢字辞典は、落書きだらけだった。

㋐ お　㋑ た
㋒ か　㋓ こ

5

次の文の＿＿の漢字の読み方は、どれ？

・テストの点が悪かったので、すっかり心を改めた。

㋐ いまし　㋑ あらた
㋒ あたた　㋓ あきら

★68ページのこたえ

❶㋑「七夕」は、特別な読み方をするじゅく語なんだ。漢字が持つ読み方ではなく、じゅく語全体に当てた読み方なので、注意が必要だよ。
❷㋐「愛媛」も、特別な読み方だよ。

国語 4年 チャレンジ

漢字の読み②(音読み)

1

次の文の＿＿の漢字の読み方は、どれ？

・お笑い好きの男の子は「ツッコミには愛が必要だ！」と言った。

[ア] ひつよう

[イ] ひつぜん

[ウ] しんよう

[エ] かんじん

2

次の文の＿＿の漢字の読み方は、どれ？

・勉強オジサンは毎日サンバをおどっているので、とても健康だ。

[ア] ひんそう　[イ] あんこう

[ウ] けんこう　[エ] かんよう

★71ページのこたえ

❸[イ]「積」の訓読みは「つ(む)」「つ(もる)」だよ。

❹[エ]「博」には、「博士」という特別な読み方があるんだ。

❺[ア]「観」の部首は「見(みる)」、「察」の部首は「宀(うかんむり)」だよ。

3

次の文の＿＿の漢字の読み方は、どれ？

・勉強オジサンは、切り分けられたピザの<u>面積</u>をはかって、もっとも大きいものを取った。

㋐ めんしゃく　㋑ めんせき

㋒ たいせき　㋓ めんどう

4

次の文の＿＿の漢字の読み方は、どれ？

・<u>博物館</u>には、おどるはにわがてんじされていた。

㋐ としょかん

㋑ びじゅつかん

㋒ えいがかん

㋓ はくぶつかん

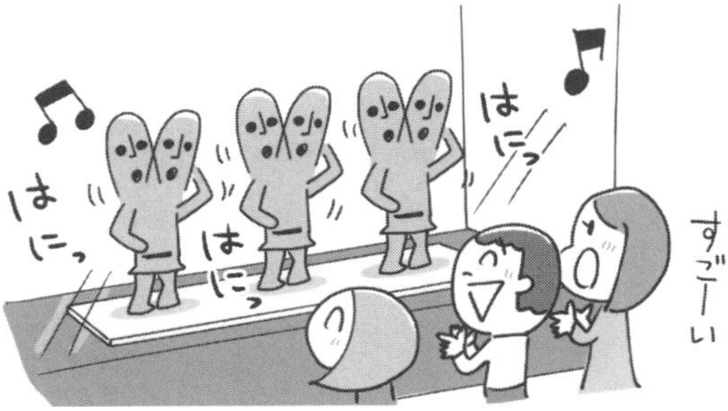

5

次の文の＿＿の漢字の読み方は、どれ？

・わたしは、ひそかに勉強オジサンの<u>観察</u>日記を書いている。

㋐ かんさつ　㋑ かんそう

㋒ あいさつ　㋓ たいそう

★70ページのこたえ

❶㋐「必」の訓読みは「かなら(ず)」、「要」の訓読みは「かなめ」だよ。「必」は筆順にも注意しよう。

❷㋒「健」を使ったじゅく語は、他に「健全」などもあるよ。

国語 4年 チャレンジ

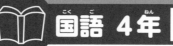

漢字の書き①(訓読み)

1

次の文の＿＿を漢字に直すと正しいものは、どれ？

・勉強オジサンは、きょうだいのおやつにアツいまなざしを注いだ。

㋐ 暑　㋑ 熱
㋒ 温　㋓ 照

2

次の文の＿＿を漢字に直すと正しいものは、どれ？

・ぼくは、チンアナゴをハジめて見た日のおどろきを思い出した。

㋐ 始　㋑ 祝
㋒ 好　㋓ 初

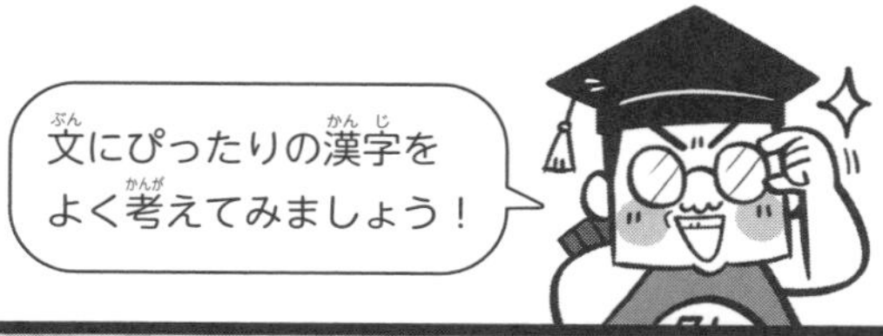

文にぴったりの漢字を
よく考えてみましょう！

★73ページのこたえ

❸㋒ ㋐「上陸」、㋑「空席」、㋒「挙手」、㋓「明朝」などと考えて区別しよう。
❹㋑ 音読みは「セイ」「ショウ」で、「反省」「省りゃく」などと使うんだ。
❺㋑ この場合は「冷たくなる」という意味だよ。

学習した日 ／ ／ ／

3

次の文の＿＿＿を漢字に直すと正しいものは、どれ？

・わたしは手をアげてしつ問した。

㋐ 上　㋑ 空　㋒ 挙　㋓ 明

4

次の文の＿＿＿を漢字に直すと正しいものは、どれ？

・手間をハブこうとした兄は、結局本だなをつくり直すはめになった。

㋐ 少　㋑ 省　㋒ 散　㋓ 敗

5

次の文の＿＿＿を漢字に直すと正しいものは、どれ？

・ねこじたのおじいちゃんは、お茶がサめるまで待っていた。

㋐ 下
㋑ 冷
㋒ 指
㋓ 覚

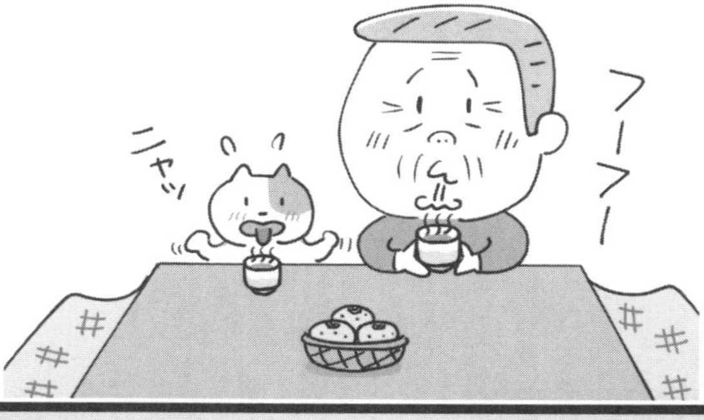

★72ページのこたえ

❶㋑ 気温には「暑い」、熱をもった体のじょうたいなどには「熱い」を使うんだ。
❷㋓ この場合は、「最初に」という意味だよ。

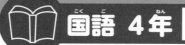

漢字の書き②(音読み)

1

次の文の＿＿を漢字に直すと正しいものは、どれ？

・家族でギフ県に行ったとき、五平もちを食べた。

㋐ 議父　　㋑ 岐府

㋒ 議夫　　㋓ 岐阜

2

次の文の＿＿を漢字に直すと正しいものは、どれ？

・4人で、シガ県の琵琶湖を自転車で一周した。

㋐ 佐賀

㋑ 滋賀

㋒ 甲賀

㋓ 伊賀

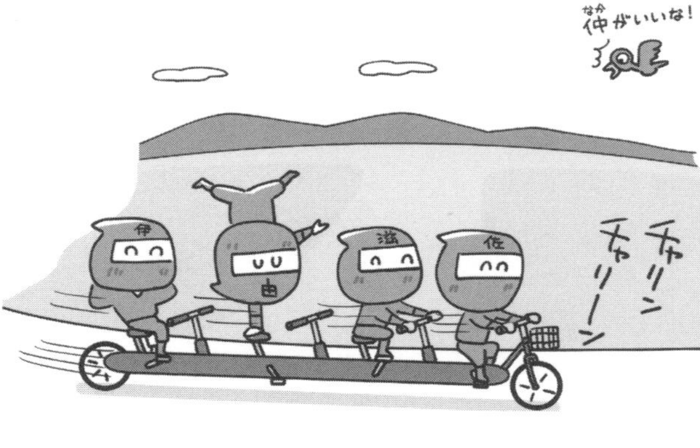
仲がいいな！
伊
由
滋
佐
チャリン
チャリーン

★75ページのこたえ

❸㋒ この場合は走る速さを競うことなので、「競走」がふさわしいね。

❹㋐「ある地点の天気のじょうたい」という意味の「気候」が正かいだよ。

❺㋑「成」の訓読みは「な(す)」「な(る)」だよ。「功」は形に注意しよう。

3 次の文の___を漢字に直すと正しいものは、どれ？
・勉強オジサンは、運動会の100メートルキョウソウに参加した。

㋐ 競争　　㋑ 協走

㋒ 競走　　㋓ 鏡争

4 次の文の___を漢字に直すと正しいものは、どれ？
・友だちは大人になったら、キコウのおだやかな場所に住みたいそうだ。

㋐ 気候　　㋑ 機工　　㋒ 帰港

5 次の文の___を漢字に直すと正しいものは、どれ？
・ぼくは勉強オジサンをおどろかすことにセイコウした。

㋐ 星光　　㋑ 成功

㋒ 晴好　　㋓ 清好

★74ページのこたえ

❶㋓「阜」の上の部分を「自」と書きまちがえないように注意しよう。

❷㋑「賀」を「貨」と書きまちがえないように注意しよう。㋐の「佐賀」は、九州の北西部にある県だよ。

百人一首

1

「小倉百人一首」を選んだのは、だれ？

ア 大伴家持　　**イ** 勉強オジサン
ウ 松尾芭蕉　　**エ** 藤原定家

2

百人一首のかるたには、読み札と取り札があるんだ。取り札に書かれているものは、何？

ア 上の句
イ 歌の意味
ウ 下の句
エ 歌人の絵

★77ページのこたえ

❸イ 百まいの取り札をバラバラにならべるから、「散らし取り」と言うんだよ。
❹ウ 昔、源氏と平氏という一族がたがいに争ったことにちなんでいるんだ。
❺ア すべて1首しかないから、最初の音を聞くだけで取り札をさがせるんだ。

国語

4年

❸ 百人一首の取り札を、ふつうのかるた取りと同じようにならべる遊び方を何と言う？

⑦ ぼうずめくり
④ 散らし取り
⑦ ババぬき
⑤ 七ならべ

❹ チームで競う百人一首の遊び方の名前は、どれ？

⑦ さるかに合戦
④ かわず合戦
⑦ 源平合戦
⑤ 雪合戦

❺ 百人一首の中で、「む」「す」「め」「ふ」「さ」「ほ」「せ」で始まる歌の数は、どれ？

⑦ 1首ずつ　　④ 2首ずつ
⑦ 3首ずつ　　⑤ 1首もない

★76ページのこたえ

❶⑤ 「小倉百人一首」を選んだのは、歌人としても有名な藤原定家だよ。⑦は奈良時代の歌人、⑦は江戸時代の俳人だよ。

❷⑦ 前半の「五・七・五」を上の句、後半の「七・七」を下の句と言うんだ。

漢字の成り立ち／同じ読み方の漢字

1

漢字の成り立ちは、大きく分けて4つあるよ。「男」「岩」「解」に共通する漢字の成り立ちは、どれ？

ⓐ 目に見える物の形を、そのまま具体的にえがいたもの。

ⓘ 目に見えない事がらを、記号や印を使って示したもの。

ⓤ ２つ以上の漢字の意味を組み合わせたもの。

ⓔ 音を示す部分と、意味を示す部分を組み合わせたもの。

もう教えたろかー？

2

「燃」という漢字の意味を表す部分は、どれ？

ⓐ 火　　ⓘ タ

ⓤ 犬　　ⓔ 灬

★79ページのこたえ

❸ⓘ この場合は「空にする」という意味なので、「空ける」だよ。

❹ⓤ この場合は「とげとげしい」という意味の「険」がふさわしいね。

❺ⓔ この場合は「病気やケガがよくなっていく」という意味の「快方」だよ。

学習した日 ／ ／ ／

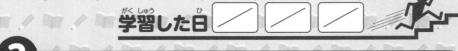

3

次の文の□に入る言葉は、どれ？

・席は一つずつ□おすわりください。

㋐ 開けて　㋑ 空けて　㋒ 明けて

4

次の文の＿＿を漢字に直すと正しいものは、どれ？

・おやつをめぐって、弟と<u>ケン</u>悪なふんいきになる。

㋐ 験　㋑ 検

㋒ 険　㋓ 健

5

次の文の＿＿を漢字に直すと正しいものは、どれ？

・妹のカゼも、<u>カイホウ</u>に向かっている。

㋐ 開放　㋑ 解放

㋒ 会報　㋓ 快方

★78ページのこたえ

❶㋒ それぞれ、「田」＋「力」、「山」＋「石」、「角」＋「刀」＋「牛」と、２つ以上の漢字を組み合わせてできているね。

❷㋐ 「火(ひへん)」が意味を、「然」が「ネン」という音を示しているよ。

漢字の読み方と使い方／日本語の表記

1

□に漢字をあてはめると、4つのじゅく語ができるよ。□に入る漢字は、どれ？

肉
↓
開→□→球
↓
光

ⓐ 発
ⓘ 親
ⓤ 眼
ⓔ 野

2

□に漢字をあてはめると、4つのじゅく語ができるよ。□に入る漢字は、どれ？

配
↓
毛→□←散
↓
教

ⓐ 布
ⓘ 達
ⓤ 歩
ⓔ 糸

矢印の向きに注意しましょう！

★81ページのこたえ

❸ⓤ 1字ずつ読まず、全体をひとまとめにして読むことに注意しよう。

❹ⓔ 身近な言葉にも特別な読み方をするものがあるよ。さがしてみよう。

❺ⓐ 表意文字とは、漢字のように1字が意味を表す文字のことだよ。

3 次の＿のじゅく語は、特別な読み方をする言葉だよ。正しい読み方は、どれ？

・迷子を見つけたので、交番に連れて行った。

ⓐ めいご　ⓘ まようご　ⓤ まいご　ⓔ まよいじ

4 次の＿のじゅく語は、特別な読み方をする言葉だよ。正しい読み方は、どれ？

・昨日は、休館日だった。

ⓐ さくにち　ⓘ さくび
ⓤ おととい　ⓔ きのう

5 次の中で表意文字なのは、どれ？

ⓐ 漢字　ⓘ 平仮名
ⓤ かた仮名　ⓔ アルファベット

★80ページのこたえ

❶ⓤ 1字ずつ漢字をあてはめてみよう。「肉眼」「開眼」「眼球」「眼光」という4つのじゅく語ができるね。

❷ⓐ 「配布」「毛布」「散布」「布教」という4つのじゅく語ができるね。

和語・漢語・外来語／複合語

1 和語の説明として正しいものは、どれ？

㋐ 昔、中国から日本に入った言葉。
㋑ 近代になって、日本語に取り入れられた言葉。
㋒ かた仮名で書き表すことが多い言葉。
㋓ 昔から日本にあった言葉。

2 「テレビ」という外来語の説明として正しいものは、どれ？

㋐ 日本人が発音しやすいように、母音が追加された外来語である。
㋑ 外来語を組み合わせて、新たにつくられた外来語である。
㋒ 長い外来語を省略して、新たにつくられた外来語である。
㋓ 元になった外国語の意味を、少し変えて使った外来語である。

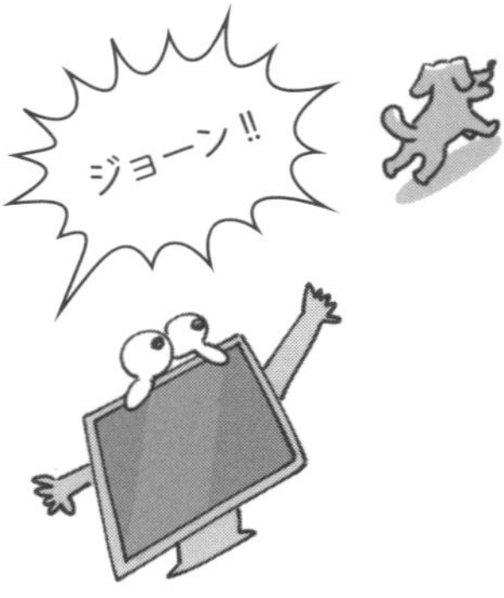

★83ページのこたえ

❸㋑ この場合は「おおや」と訓読みするので、貸家の持ち主という意味だね。
❹㋑ 「初（はつ）」は和語、「公開（コウカイ）」は漢語だよ。
❺㋐ 「粉（こな）」は和語、「ミルク」は外来語だよ。

③ 次の＿＿の言葉は、漢語と和語では意味がちがうよ。この場合の意味は、どれ？

・マンションの<u>大家</u>さんにあいさつをした。

ア 金持ちの家 　　イ 貸家の持ち主

ウ その道の達人 　エ 家がらのよい家

④ 次の＿＿のじゅく語は、複合語だよ。その種類は、どれ？

・<u>初公開</u>の絵画を見るために、大勢の人が来た。

ア 和語＋和語 　　イ 和語＋漢語

ウ 和語＋外来語 　エ 漢語＋外来語

⑤ 次の＿＿のじゅく語は、複合語だよ。その種類は、どれ？

・赤ちゃんに<u>粉ミルク</u>を買った。

ア 和語＋外来語 　　イ 漢語＋外来語

ウ 和語＋漢語 　　エ 漢語＋和語

★82ページのこたえ

❶エ 和語は、昔から日本にあった言葉だよ。漢字で書いてあっても、訓読みをする場合は和語になるんだ。アは漢語、イ・ウは外来語の説明だよ。

❷ウ 英語の「テレビジョン」を省略して、日本でつくられたんだ。

国語 5年　ステップアップ

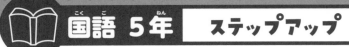

方言と共通語／敬語

1

次の文の＿＿の方言の意味は、どれ？

・先生に「ごみを投げるな」と注意された。

㋐ 遠くへ飛ばす　　㋑ とちゅうでやめる

㋒ 物をすてる　　㋓ 体を放り出す

2

方言についての説明として正しいものは、どれ？

㋐ 地方のちがいなどをこえて、共通して用いられる。

㋑ ちがう地方の人どうしがそれぞれの方言で話しても、気持ちや内容を正確に伝えられる。

㋒ その地方特有の事がらや感覚などを、うまく表現できる。

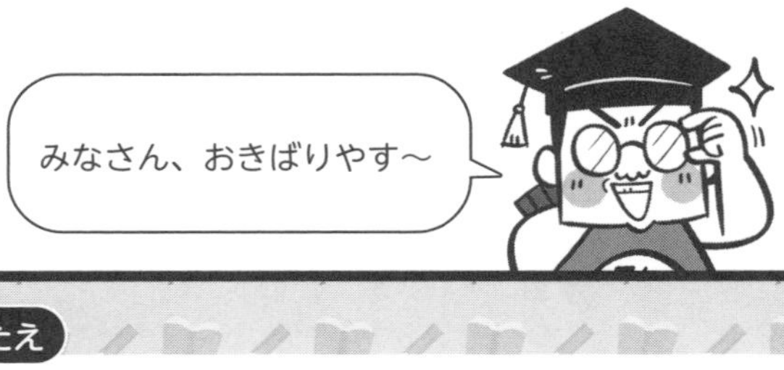

★85ページのこたえ

❸㋑ 校長先生をうやまう気持ちを表しているので、尊敬語だね。

❹㋒ 先生に対する敬意を表すために、けんじょう語を使うんだよ。

❺1＝㋒ 2＝㋑ 「おっしゃる（言う）」「いただく（食べる）」のような特別な言葉を使った敬語は、まとめて覚えておこう。

③ 次の＿＿には、敬語が使われているよ。その敬語の種類は、どれ？

・校長先生がこちらに<u>いらっしゃる</u>。

ア ていねい語　**イ** 尊敬語　**ウ** けんじょう語

④ 次の＿＿の言葉を敬語に直したとき正しいものは、どれ？

・先生に遠足の持ち物のことを<u>たずねる</u>。

ア お聞きになる　**イ** 聞くのです

ウ うかがう

バナナはおやつに入りますか？

毎年聞いてくるな……

⑤ 次の表の□1・2に入る言葉は、それぞれどれ？

ふつうの言い方	尊敬語	けんじょう語
言う	1	申す
食べる	めしあがる	2

ア なさる　**イ** いただく

ウ おっしゃる　**エ** いたす

★84ページのこたえ

①ウ「投げる」は北海道や東北地方の方言で、「すてる」という意味なんだ。

②ウ ある地方特有の表現をふくむ言葉づかいを「方言」、どの地方の人でも理解できる言葉づかいを「共通語」と言うんだ。

漢字の形と音・意味

1

次の各文の□には、「チョウ」という音の漢字が入るよ。漢字の組み合わせが正しいものは、どれ？

1　新しい日記□を買う。　　2　自分の権利を主□する。

㋐　1＝張、　2＝帳
㋑　1＝長、　2＝張
㋒　1＝帳、　2＝長
㋓　1＝帳、　2＝張

2

「快・性・情・慣」という4つの漢字は、同じ部分を持っているよ。その部分が表す意味は、どれ？

㋐　「行く」や「道」などの意味を表している。
㋑　「家屋」や「屋内の状態」などの意味を表している。
㋒　心の動きに関係する漢字に使われる。
㋓　体に関係のある漢字に使われる。

★87ページのこたえ

❸㋒　「積」は「農作物（禾）を集める（責）」という成り立ちの漢字なんだ。
❹1＝㋑　2＝㋐　「聖火」は音＋音、「火花」は訓＋訓という組み合わせの熟語だよ。
❺㋑　「確か」という訓読みに合わせて、送り仮名は「かめる」なんだ。

3

次の文の＿＿を漢字に直すと正しいものは、どれ？

・雪が10センチメートルもツもっていた。

㋐ 績　㋑ 責　㋒ 積

4

次の文の＿＿1・2の漢字の読み方は、どれ？

・特等席から聖$_1$火リレーを見るために、多くの人が$_2$火花を散らした。

㋐ ひ　㋑ か

㋒ ほ　㋓ け

5

次の文の＿＿を漢字と送りがなに直すと正しいものは、どれ？

・忘れ物がないか、何度もタシカメル。

㋐ 確る　㋑ 確かめる

㋒ 確める　㋓ 確しかめる

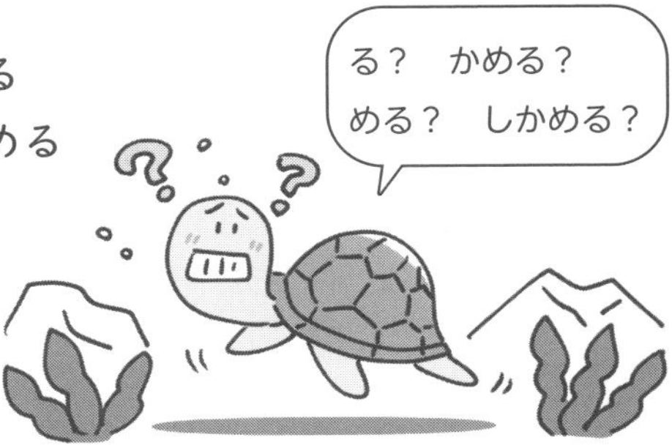

★86ページのこたえ

❶㋓ 1は帳面という意味がある「帳」が、2は強く言うという意味がある「張」が入るよ。

❷㋒ 4字とも、左側の「忄（りっしんべん）」が共通しているね。

話し言葉と書き言葉／言葉の変化／仮名の由来

1 話し言葉の特ちょうとしてふさわしくないものは、どれ？

㋐ 言いまちがいをその場ですぐに直すことができる。

㋑ 内容を見直したり、整理したりしてから伝えることができる。

㋒ 声の大きさや間の取り方などで、話し手の気持ちを表せる。

㋓ 聞き手によって、言葉づかいを変えることができる。

2 書き言葉を使って書いたほうがよいものは、どれ？

㋐ 友だちを遊園地にさそうメール。

㋑ 一日の出来事を記録した日記。

㋒ 地域の人を音楽会にお招きする手紙。

★89ページのこたえ

❸㋐ 「有り難し（存在するのが難しい）」から、「めずらしい」となったんだ。

❹㋒ 同じ布地でつくった上下セットの衣服を、「背広」とも言うんだよ。

❺㋑ 「はちしにかえる。」と平仮名に直してから、あてはまる漢字を考えよう。

3 昔、使われていた「ありがたし」という言葉の意味は、どれ？

ⓐ めずらしい。　　ⓘ 感謝したくなる気持ちだ。

ⓤ うれしい。　　ⓔ 尊くてもったいない気持ちだ。

4 上の世代の人が「スーツ」の代わりに使う言葉は、どれ？

ⓐ 十二単

ⓘ かみしも

ⓤ 背広

ⓔ もん付はかま

行ってきまーす

お父ちゃんおっきいなー

5 次の文は、万葉仮名で書かれたものだよ。漢字と仮名で書き直したものは、どれ？

・波知之仁加衣留。

ⓐ 八の字変える。　　ⓘ 八時に帰る。

ⓤ はしは二個いる。　　ⓔ はじはかき捨て。

★88ページのこたえ

❶ⓘ ⓘは、書き言葉の特ちょうだね。内容を考えながら話すことが多いから、話し言葉は語順が乱れたり、「ええと」などの言葉がはさまれたりするよ。

❷ⓤ 招待状のように改まった手紙は、書き言葉で書いたほうがいいね。

文の組み立て

1

次の文の組み立ては、どれ？

・美しい花がさき、チョウはひらひらとまう。

㋐ 主語―述語

㋑ <u>主語―述語、主語―述語</u>
　　　　　　　対等

㋒ 主語―述語、主語―述語
　　修しょくしている

2

次の文を、同じ意味になるように2つに分けたものは、どれ？

・有名な俳優が出演した映画を見た姉が感想を言った。

㋐ 有名な俳優と姉が映画に出演した。その映画を見たわたしは感想を言った。

㋑ 姉が映画に出演した。その映画を見た有名な俳優が感想を言った。

㋒ 有名な俳優が映画に出演した。その映画を見た姉が感想を言った。

㋓ 姉は有名な映画を見た。姉はその映画に出演した俳優に感想を言った。

★91ページのこたえ

❸㋑「ような」という言葉を使って、雨の激しさをたとえているね。

❹㋐「飼い主が帰ってくるのを、ポチは待っていた。」が、ふつうの語順だよ。

❺㋓ 物が勢いよくのびるようすを表す「にょきにょき」がふさわしいね。

3 次の文に使われている表現のくふうは、どれ？

・バケツをひっくり返したような雨が降る。

㋐ 七音と五音の組み合わせになっている。

㋑ 比ゆが使われている。

㋒ 語順が逆になっている。

㋓ 人間以外のものが人間のように表現されている。

4 次の文に使われている表現のくふうは、どれ？

・ポチは待っていた、飼い主が帰ってくるのを。

㋐ 語順が逆になっている。

㋑ 同じ言葉がくり返されている。

㋒ 音やようすを表す言葉が使われている。

㋓ 七音と五音の組み合わせになっている。

5 次の文の□にあてはまる言葉は、どれ？

・タケノコが□□□のびてきた。

㋐ にょろにょろと　　㋑ きょろきょろと

㋒ ちょきちょきと　　㋓ にょきにょきと

★90ページのこたえ

❶㋑「花が—さき」と、「チョウは—まう」という、2つの主語・述語の組み合わせが対等に並んでいるね。

❷㋒ 一度「映画」で区切ってから、語順を変えたり言葉を補ったりしよう。

熟語の成り立ち／漢字を正しく使えるように

1

「着陸」という熟語の成り立ちは、どれ？

㋐ 似ている意味の漢字の組み合わせ。
㋑ 対になる意味を表す漢字の組み合わせ。
㋒ 前の字が後の字を修しょくする組み合わせ。
㋓ 後に「—を」「—に」に当たる意味の字が来る組み合わせ。

2

「指揮者」という三字熟語の成り立ちは、どれ？

㋐ 前の一字が後の二字熟語の性質・状態などを限定するもの。
㋑ 前の一字が後の二字熟語を打ち消すもの。
㋒ 前の二字熟語が後の一字を修しょくし、物事の名前になるもの。
㋓ 前の二字熟語に後の一字が意味をそえて、ようすや状態を表すもの。
㋔ 一字の語が対等に並んでいるもの。

★93ページのこたえ

❸㋐ 「都道府県」も「花鳥風月」も、一字の語が対等に並んでいるね。
❹㋒ ㋐「統治」、㋑「収集」、㋒「納税」、㋓「修学」と、熟語に直そう。
❺㋓ それぞれの漢字の訓読みを思い出して、区別しよう。

国語
6年

3

「都道府県」と同じ成り立ちになっている四字熟語は、どれ？

ア 花鳥風月
イ 臨時休校
ウ 海水浴場
エ 不言実行

と　　どう　　ふ　　けーん♥
キャー　キャー　キャー

4

次の＿＿の言葉を漢字と送りがなに直すと正しいものは、どれ？

・消費税をおさめる。

ア 治める　　イ 収める
ウ 納める　　エ 修める

5

次の＿＿の漢字はまちがっているよ。正しいものは、どれ？

・歌口の近くには大きなまちが広がっている。

ア 化　　イ 花
ウ 可　　エ 河

★92ページのこたえ

❶エ 「陸に着く」と、後に「—に」に当たる意味の字が来る組み合わせだね。
❷ウ 「指揮をする者」と、前の二字熟語が後の一字を修しょくして、物事の名前になっているね。

どうして勉強しないと いけないの？

日本では、6歳以上の子どもはみんな小学校に通うことになっているけれど、どうしてなのかな？　大人は勉強しなくてもいいのに、ずるいなぁ。

勉強をすると、自分の可能性が広がるよ！

★コミュニケーション能力が身につく!!

いろいろな言葉を知っていたら、友だちとの会話がはずんだり、仲が深まったりするよ。

切磋琢磨しようぜ！

きゅん

★頭の回転が速くなる!!

頭の回転が速くなると、計算だけじゃなく、目の前の問題を解決する力もアップするよ。

¥500
30%OFF
350円！
ピンポーン

★好きなもの・好きなことが見つかる!!

自分の好きなものや好きなことが見つかると、自信がついてもっと世界がかがやくよ。

カラスアゲハだ!!
大ききは…

★世界の言葉であいさつできる!!

いろいろな国の言葉を知っていたら、海外の人とも仲よくなるキッカケがつかめるよ。

ニーハオ
ニーハオ

知識を増やして、魅力的な人間になろう！

オレに任せな！

みんなにたよられるようになる！

困りごとを何でも解決！

前向きな気持ちで人生が楽しくなる

いろいろな仕事が選べるようになる

もっとわたしらしく！

勉強をがんばった二人の未来

勉強以外の時間も大切にしよう！

友だちと遊ぶ時間　　習い事　　しゅみ

いろいろなことに取り組めば、自分の個性をのばして自信をつけたり、友だちと競い合って成長したりできるよ。

勉強以外の時間も全力で楽しんで、自分の得意なことをどんどんのばしていくと、毎日がじゅう実！

得意な教科でわかる！
キミにピッタリな職業は？

国語 📖

言葉を使って表現するのが好きなキミには……

- 編集者
- 作家
- 作詞家
- ラッパー
- アナウンサー

最強のきょうだいが
一問一答♪
勉強で いろどろう
春夏秋冬！

算数 📐

計算が得意で、正確さを求めるキミには……

- 物理学者
- 数学者
- 建築士
- システムエンジニア
- ファイナンシャルプランナー

英語 ABC

海外の文化や人々に興味のあるキミには……

- 翻訳家 ・通訳 ・国連の職員
- フライトアテンダント
- ツアーガイド

理科 🔍

観察や実験をするのが好きなキミには……

- 科学者
- 発明家
- 医師
- 気象予報士
- 動物学者

社会 🌐

世の中のできごとに興味のあるキミには……

- 考古学者
- 政治家
- 公務員
- 新聞記者
- 弁護士

気になった職業はぜひ調べてみてね！

算数

たし算、ひき算、かけ算、わり算などの計算のきまり
を理解できているか、解きながら確かめよう！

プリプリプリ…

3208

算数 1年 ウォーミングアップ

たしざんと　ひきざん

1

まえから　3ばん目に　いるのは　なに？

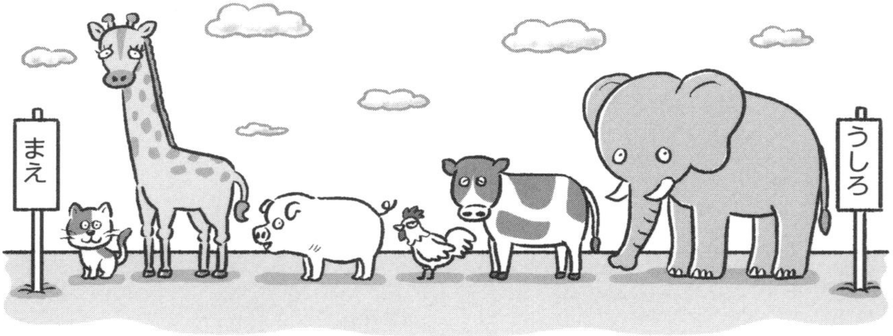

㋐　きりん　　㋑　ぶた　　㋒　にわとり　　㋓　うし

2

水そうの　中に、赤い　きん魚が　4ひきと
くろい　きん魚が　2ひき　いるよ。
あわせて　なんびき　いる？

㋐　2ひき　　㋑　3びき
㋒　6ぴき　　㋓　8ひき

★99ページのこたえ

❸㋐ しきで　あらわすと、6－3＝3と　なるよ。
❹㋒ みかんは　4こで、りんごは　5こだよ。
❺㋓ しきで　あらわすと、7＋5＝12と　なるよ。

3

はこの　中に　チョコレートが　6こ　あったので、3こ　たべたよ。
のこりは　いくつ？

㋐　3こ　㋑　4こ　㋒　8こ　㋓　9こ

4

つくえの　上に　みかんと　りんごが　あるよ。
どちらが　いくつ　おおい？

㋐　みかんが　1こ　おおい
㋑　みかんが　2こ　おおい
㋒　りんごが　1こ　おおい
㋓　りんごが　2こ　おおい

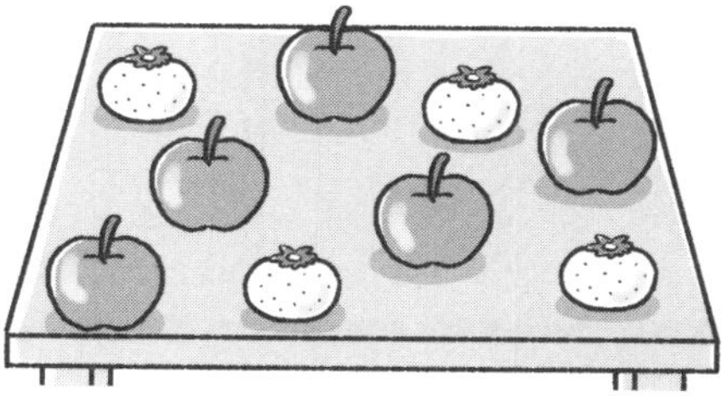

5

こうえんで　7人の　子どもが　あそんで　いるよ。さらに　5人の　子どもが　こうえんに　きたよ。
子どもは　あわせて　なん人に　なった？

㋐　3人　㋑　5人　㋒　10人　㋓　12人

★98ページのこたえ

❶㋑ せんとうの　ねこから　じゅんに　かぞえよう。
❷㋒「あわせて　なんびき」と　いう　もんだいなので、たしざんを　つかおう。
4＋2＝6で、6ぴきに　なるよ。

いろいろな　かずを　よみとろう

1

たなの　上から　3ばん目、右から　3ばん目に　あるのは
なに？

⑦　こま
④　とけい
⑦　本
①　ぬいぐるみ

コップが
あるのは
上から
2ばん目だね

2

いちばん　ながいのは　どれ？

⑦　ボールペン
④　けしゴム
⑦　えんぴつ
①　ものさし

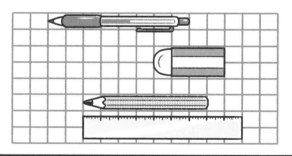

★101ページのこたえ

❸⑦　いちばん　すくないのは、うさぎだと　わかるよ。
❹④　5ずつ　ふえて　いるから、30の　つぎは　35だね。
❺④　ながい　はりが　9を　さして　いるので、45ふんだね。

算数

1年

3

かって みたい 生きものを ひょうに まとめたよ。いちばん すくないのは どれ？

ア いぬ　　イ ねこ
ウ うさぎ　エ めだか

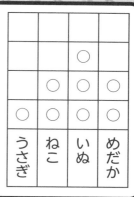

			○
	○	○	○
○	○	○	○
うさぎ	ねこ	いぬ	めだか

4

□に 入る すう字は いくつ？

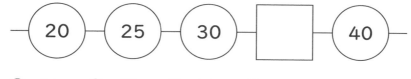

20 — 25 — 30 — □ — 40

ア 31　　イ 35　　ウ 39　　エ 50

5

なんじなんぷん？

ア 1じ9ふん
イ 1じ45ふん
ウ 2じ45ふん
エ 9じ9ふん

★ **100ページのこたえ**

❶イ 上から 3ばん目の たなと、右から 3ばん目の たなに せんをひいて みよう。せんが まじわった ところに あるのは とけいだよ。
❷エ ものさしは 9マスぶんで、ボールペンは 8マスぶんの ながさだね。

計算と　いろいろな　たんい

1

スーパーマーケットで　40円の　たまねぎと　35円の　じゃがいもを　買うよ。だい金を　計算する　しきと　して　正しいのは　どれ？

ⓐ　40＋40＝80

ⓘ　40＋35＝75

ⓤ　35＋35＝70

今日の
メニューは
カレーかな？

肉じゃがかも
しれないよ〜

2

214−57の　ひっ算が　正しいのは　どれ？

ⓐ
```
   214
 −  57
   267
```

ⓘ
```
    0
   2ʌ4
 −  57
   257
```

ⓤ
```
    1
   ʌ14
 −  57
   167
```

ⓔ
```
   1 0
   ʌʌ4
 −  57
   157
```

★103ページのこたえ

❸ⓐ　1つの　目もりが　1mmを　あらわして　いるよ。

❹ⓔ　1L＝1000mLで、6dL＝600mLだよ。

❺ⓘ　8時45分−8時15分と　考えよう。

学習した日 ／ ／ ／

3 テープの　長さは　何cm何mm？

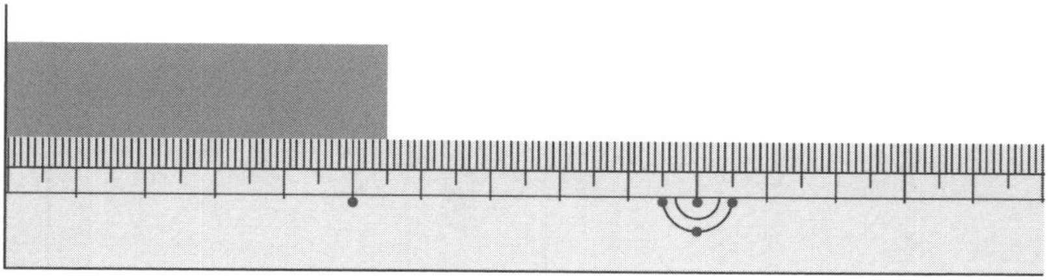

㋐　5 cm 5 mm　　㋑　6 cm

㋒　10 cm 5 mm　　㋓　11 cm

4 1L 6dLと　同じ　かさを　あらわして　いる　ものは　どれ？

㋐　16 mL　　㋑　106 mL

㋒　160 mL　　㋓　1600 mL

5 午前8時15分に　バスに　のり、午前8時45分に　バスを　おりたよ。バスに　のって　いたのは　何分間？

㋐　10分間　　㋑　30分間

㋒　60分間　　㋓　90分間

★102ページのこたえ

❶㋑ たまねぎと　じゃがいもの　だい金を　たして　いる　しきを　えらぼう。

❷㋓ くり下がりを　まちがえないように　しよう。くり下がりが　あるから、十のくらいは　10－5に　なるね。

算数 2年

算数 2年 ウォーミングアップ

図を つかった もんだい

1

みかんが いくつか あります。12こ 食べたので、のこりが 8こに なったよ。

みかんは、はじめに いくつ あった？

```
┌──────── はじめに あった □こ ────────┐
│              │                │
└── 食べた 12こ ──┘── のこり 8こ ──┘
```

- ㋐ 24こ
- ㋑ 20こ
- ㋒ 18こ
- ㋓ 16こ

2

正方形は どれ？

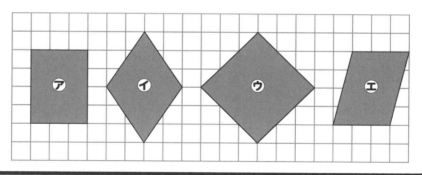

★105ページのこたえ

❸㋒ 2つの 直角の かどを 合わせると、まっすぐな 線に なるよ。
❹㋑ ⓘの えんぴつの 長さは、ⓐの 3本分の 長さに なるね。
❺㋓ 見えて いない へんも わすれずに 数えよう。

③ 三角じょうぎの 直角の かどは どこと どこ？

ⓐ あ と え
ⓘ あ と お
ⓒ い と え
ⓔ い と お

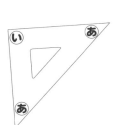
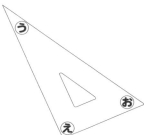

④ ⓘの えんぴつの 長さは、あの えんぴつの 長さの □ だよ。□に 入るのは どれ？

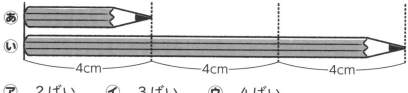

ⓐ 2ばい　ⓘ 3ばい　ⓒ 4ばい

⑤ 図のような はこの 形には、5cmの へんが いくつ ある？

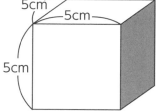

ⓐ 8　ⓘ 9
ⓒ 10　ⓔ 12

★104ページのこたえ

❶ⓘ 食べた みかんの 数と のこりの みかんの 数を 合わせると、はじめの 数が わかるよ。
❷ⓒ 正方形は 4つの へんの 長さが 同じで、どの かども 直角だよ。

検算でミスをへらそうぜ★

問題

次のあまりのあるわり算をとこう。

(1) 7 ÷ 3 =

(2) 14 ÷ 6 =

(1)はかんたんだけど…
(2)のようにわられる数やわる数が
大きくなると少しややこしく感じるね

これも修行でござ〜る！

こたえ

(1) 2あまり1　　(2) 2あまり2

かいせつ

(2) 14 ÷ 6 は、「14 ÷ 6 ＝□あまり☆」

⇩

わる数の 6 のだんで、わられる数の 14 より小さくて、14 にいちばん近くなる九九をさがす。

⇩

6 のだんで数をさがすと、6 ×「2」(＝12)が見つかる。この 2 が(□)。

⇩

わられる数の 14 から、(6 × 2 ＝)12 をひくと 2。この 2 があまり(☆)
「14 ÷ 6」のこたえは「2 あまり 2」。

こたえ　　2あまり2

九九を使うことがポイントです

あまりのあるわり算の考え方はわかった～

ここから検算についてせつ明しますよ!! 検算は変化の術……つまり変形が大事なんです

へ、変形!?

たとえば、

「7 ÷ 3 ＝ 2 あまり 1」という式は、次のように変形できる!

7 ÷ 3 ＝ 2 あまり 1

変形

3 × 2 ＋ 1 ＝ 7

同じように

「14 ÷ 6 ＝ 2 あまり 2」も変形できる

変形

6 × 2 ＋ 2 ＝ 14

変形がつまり検算なんです! 計算けっかが、わられる数7と14になったので、計算は正しいとたしかめられましたね

もし、7と14にならなければまちがいということなので、もう一度計算するひつようがあるってことだね

かけ算

1

3×4のこたえは、4×□と同じになるよ。□に入る数字はどれ？

ア　1　　イ　2
ウ　3　　エ　4

2

6×7のこたえのもとめ方はいろいろあるけど、□には同じ数が入るよ。それはどれ？

あ 6×7＝7×□
い 6×7＝6×8－□
う 6×7＝6×□＋□

ア　5　　イ　6　　ウ　7　　エ　8

★111ページのこたえ

❸ウ ウのこたえは10。ア・イ・エは0になるよ。
❹イ 上からじゅんに6のだん、7のだん、8のだんだよ。
❺ア かけられる数を分けて計算して、そのこたえを合わせると、もとめたいこたえが出るよ。

3 こたえが1つだけちがっているよ。どれ？

ア　9 × 0 　　イ　0 × 0
ウ　10 × 1 　　エ　0 × 2

算数
3年

4 やぶれた九九のこたえの表の□のところに入る数はどれ？

ア　38
イ　42
ウ　44
エ　46

30	36	□
35	□	49
40	48	56

5 16 × 6のこたえをもとめようとしている次の図で、54と42を使ってどんな計算をしたらこたえが出るかな？

$$16 × 6 \begin{cases} 9 × 6 = 54 \\ 7 × 6 = 42 \end{cases}$$

ア　たし算　　イ　ひき算　　ウ　かけ算　　エ　わり算

★110ページのこたえ

❶ウ かける数とかけられる数を入れかえてもこたえは同じになるよ。

❷イ かけ算のきまりを思い出そう。

い 6 × 7 = 6 × 8 −6 （1へる）（6小さい）　　う 6 × 7 = 6 × 6 +6 （1ふえる）（6大きい）

算数 3年　チャレンジ

時こくと時間

1

公園を11時50分に出て、家に着くまでに15分歩いたよ。家に着いたのは何時何分？

㋐　12時
㋑　11時55分
㋒　12時5分
㋓　12時10分

2

お湯をそそいでインスタントラーメンができるまで3□。□に入る時間のたんいはどれ？

㋐　時間　　㋑　分　　㋒　秒

★113ページのこたえ

❸㋐ 50分に10分を合わせると1時間になるから、45分を10分と35分に分けて考えるよ。
❹㋓ 1分＝60秒だから、107秒＝60秒 +47秒と分けることができるよ。
❺㋒ 5時までに20分間、5時から20分間読んでいるね。

学習した日 ／ ／ ／

算数 3年

3

50分と45分を合わせると、何時間何分？

㋐ 1時間35分　㋑ 1時間45分
㋒ 2時間5分　㋓ 2時間15分

4

107秒は何分何秒？

㋐ 10分7秒　㋑ 10分17秒
㋒ 1分7秒　㋓ 1分47秒

5

勉強オジサンは、午後4時40分から午後5時20分まで本を読んだよ。勉強オジサンが本を読んでいた時間は何分？

㋐ 20分　㋑ 30分　㋒ 40分　㋓ 50分

★112ページのこたえ

❶㋒ 15分を、12時まで10分と12時から5分と分けて考えるよ。
❷㋑ インスタントラーメンは3秒ではできないし、できるのに3時間もかからないよ。

算数 3年　チャレンジ

わり算

1 16÷2＝8の式でわられる数はどれ？

㋐　16
㋑　2
㋒　8

わたしたちは16こあるわ。
さぁ、お分けなさい
ズラリッ
Chocolate

2 こたえがまちがっているのはどれ？

㋐　9÷9＝1　　㋑　0÷6＝1
㋒　0÷7＝0　　㋓　1÷1＝1

★115ページのこたえ

❸㋑ 7のだんの九九を考えるよ。
❹㋓ 式は32÷4になるよ。
❺㋓ ㋐はたし算、㋑はかけ算、㋒はひき算になるね。

3

42÷7のこたえはどれ？

ア 5　　イ 6　　ウ 7　　エ 8

4

32人のクラスでリレーをするよ。4人で1チームをつくると、何チームできる？

ア 5チーム　　　イ 6チーム
ウ 7チーム　　　エ 8チーム

5

こたえをもとめる式が 9÷3 になるのは、どの問題？

ア 箱の中にチョコレートが9ことあめが3こあります。
　箱の中のおかしは全部で何こ？

イ 花を9本ずつたばにして、3つのたばをつくります。
　花は全部で何本？

ウ えりさんは9まいのシールを持っていましたが、弟に3まいあげました。えりさんのシールは何まいになった？

エ 9このクッキーを同じ数ずつ3人に分けました。
　1人分は何こ？

★114ページのこたえ

❶ア 16がわられる数、2がわる数だね。

❷イ わられる数とわる数が同じだと、こたえは1になるね。0を0でない数でわると、こたえは0だよ。

算数 3年　チャレンジ

筆算(たし算とひき算)

1

8526+72 の筆算が正しいのはどれ？

```
ⓐ    8 5 2 6       ⓘ    8 5 2 6
    + 7 2             +   7 2
    1 5 7 2 6           9 2 4 6
```

にているよ〜で
ちがうね〜

```
ⓤ    8 5 2 6
    +     7 2
      8 5 9 8
```

2

4159+2763の筆算をするときに、はじめに計算するのは何の位？

ⓐ　一の位　　ⓘ　十の位　　ⓤ　百の位　　ⓔ　千の位

★117ページのこたえ

❸ⓤ 十の位と百の位は、くり上がった1があるよ。
❹ⓔ 位をそろえて筆算するよ。十の位から一の位に1くり下がっているよ。
❺ⓐ はじめに百の位から十の位に1くり下げるよ。

116

③ こたえが1000になっている筆算はどれ？

ア　　 542
　　　+468

イ　　 937
　　　+163

ウ　　 378
　　　+622

エ　　 629
　　　+471

算数

3年

④ 462−37の筆算が正しいのはどれ？

ア　　 462
　　　− 37
　　───────
　　　 192

イ　　 462
　　　− 37
　　───────
　　　　 92

ウ　　 462
　　　−　 37
　　───────
　　　 435

エ　　 462
　　　−　 37
　　───────
　　　 425

⑤ 203−105の筆算のこたえが正しいのはどれ？

ア　　 203
　　　−105
　　───────
　　　　 98

イ　　 203
　　　−105
　　───────
　　　 108

ウ　　 203
　　　−105
　　───────
　　　 308

エ　　 203
　　　−105
　　───────
　　　 198

★116ページのこたえ

❶ウ　位をそろえて筆算するよ。

❷ア　一の位→十の位→百の位…と、一の位からじゅんに位ごとに計算するよ。

長さのはかり方／暗算

1

めいさんの家から学校までの道のりは何m？

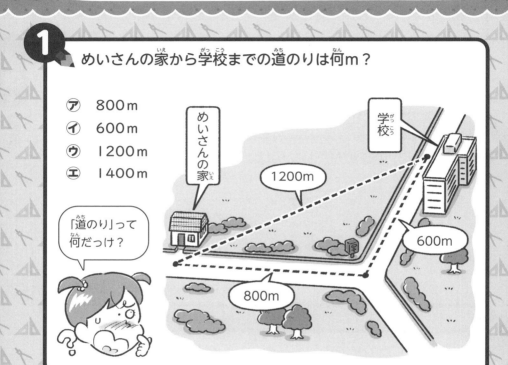

ア　800m
イ　600m
ウ　1200m
エ　1400m

めいさんの家

学校

1200m

「道のり」って何だっけ？

600m

800m

2

5km10m は何m かな？

ア　5010m　　イ　510m　　ウ　51m　　エ　5001m

★119ページのこたえ

❸ウ 30+20＝50 と 7＋8＝15を合わせるとこたえが出るね。

❹イ 50は47より3多いね。多くひいた3を13にたすよ。

❺エ エは、2つの数をたすと110になるよ。

3

37+28を、□と考えて暗算で計算するとこたえはどれ？

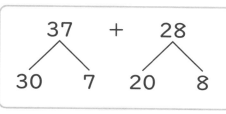

	37	+	28	
30	7		20	8

㋐ 55　㋑ 515　㋒ 65　㋓ 307208

4

63－47をはるとさんが暗算のし方を考えているよ。はるとさんの考えのつづきが正しいのはどれ？

47は50に近いから、50とみて63－50＝13

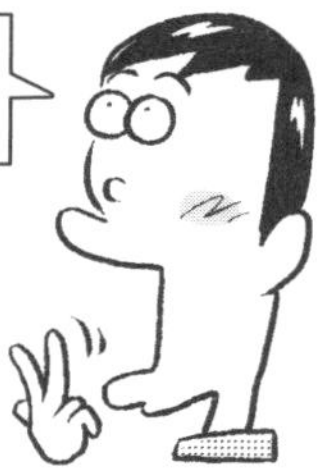

㋐ 3多くひいてるから、13－3＝10

㋑ 3多くひいてるから、13＋3＝16

㋒ 3少なくひいてるから、13－3＝10

5

暗算で計算してみよう。こたえが100になっていないのはどれ？

㋐ 12+88　㋑ 75+25　㋒ 46+54　㋓ 37+73

★118ページのこたえ

❶㋓ 道のりは、道にそってはかった長さだから 800+600 を計算するよ。まっすぐにはかった長さは、きょりだね。

❷㋐ 1km＝1000m だから5km＝5000mになるね。

算数 3年　チャレンジ

あまりのあるわり算

1

クッキーが38まいあるよ。１人に５まいずつ分けると、何人に分けられ、何まいあまる？

㋐　６人に分けられて、８まいあまる
㋑　６人に分けられて、３まいあまる
㋒　７人に分けられて、３まいあまる
㋓　７人に分けられて、４まいあまる

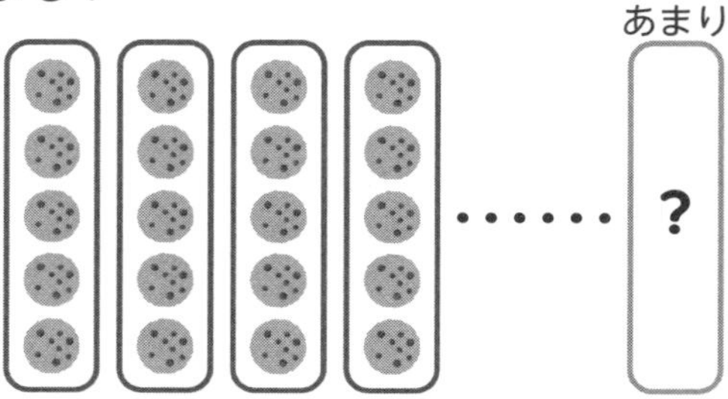

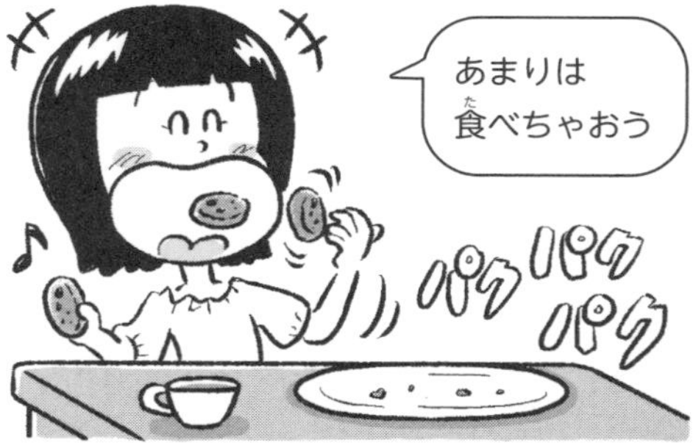

2

わりきれない計算はどれ？

㋐　49÷7　　㋑　63÷8　　㋒　18÷2　　㋓　21÷3

★121ページのこたえ

❸㋐ わる数×こたえ＋あまり＝わられる数 でたしかめるよ。
❹㋒ 50÷８＝６あまり２　あまった２本で花たばはつくれないね。
❺㋑ 15÷２＝７あまり１　あまった１こにも、お皿は使うよ。

3

17÷3のこたえと、こたえをたしかめる式が正しいのは、どれ？

ア　こたえ　5あまり2　　たしかめ　3×5＋2
イ　こたえ　5あまり2　　たしかめ　3×5－2
ウ　こたえ　4あまり5　　たしかめ　3×4＋5
エ　こたえ　6あまり1　　たしかめ　3×6－1

算数 3年

4

8本の花の花たばをつくります。花が50本あるとき、花たばはいくつつくれる？

ア　4つ　　イ　5つ　　ウ　6つ　　エ　7つ

5

15このドーナツを2こずつお皿にのせるよ。全部のドーナツをのせるには、お皿は何まいあればよい？

ア　7まい　　イ　8まい
ウ　9まい　　エ　10まい

★120ページのこたえ

❶ウ　式は38÷5＝7あまり3になるよ。あまりはわる数5より小さくなるよ。
❷イ　あまりがあるとき、「わりきれない」と言うよ。

121

1万より大きい数

1

勉強オジサンの本だなにある本の数は、十万七千四百四十三さつだよ。この数を数字で書いたのはどれ？

ア　107443　　　イ　17443

ウ　1007443　　エ　10704043

読書家なんですよ……
ふふふ

2

⇩にあたる数はどれ？

9000万 ──┬──┬──┬──┬──┬──┬⇩─┬── 1億

ア　9007万　　イ　9070万　　ウ　9700万

★123ページのこたえ

❸エ　700000＋800000＝1500000になるから、1300000より大きいよ。

❹ウ　10000を24こ集めた数は240000だね。

❺エ　1000倍すると、位が3つ上がるよ。

122

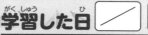
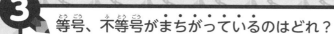

3 等号、不等号がまちがっているのはどれ？

ア　5億＞9000万

イ　500万＋600万＝1100万

ウ　120000－40000＝80000

エ　700000＋800000＜1300000

算数 3年

4 24000の数のせつ明でまちがっているのはどれ？

ア　20000と4000を合わせた数

イ　30000より6000小さい数

ウ　10000を24こ集めた数

エ　1000を24こ集めた数

5 670を1000倍した数はどれ？

ア　67　　　　イ　6700

ウ　67000　　エ　670000

★122ページのこたえ

❶ア　一万の位はないから、0が入るね。

❷ウ　この数直線の1目もりは100万だよ。

123

大きい数のわり算

1

色紙が90まいあるよ。3人で同じ数ずつ分けると、1人分は何まい？

ア　　3まい
イ　　10まい
ウ　　20まい
エ　　30まい

2

80÷2のこたえはどれ？

ア　　4
イ　　40
ウ　　50
エ　　60

★125ページのこたえ

③ア　十の位と一の位に分けて考えるよ。
④ウ　$\frac{1}{3}$ は、3等分のことだね。等分とは、同じ大きさに分けることだよ。
⑤イ　式は84÷4だよ。

3 色紙が48まいあるよ。4人で同じ数ずつ分けると、1人分は何まい？

ア　12まい
イ　21まい
ウ　10まい
エ　20まい

算数 3年

4 63cm のリボンの $\frac{1}{3}$ の長さをもとめる式を表しているのはどれ？

ア　63 × 3
イ　63 ＋ 3
ウ　63 ÷ 3

5 84cm のリボンの $\frac{1}{4}$ の長さは、何 cm ？

ア　20cm　　イ　21cm
ウ　22cm　　エ　23cm

★124ページのこたえ

❶エ　10まいのたば9たばを分けると考えると　9 ÷ 3 ＝ 3、3たばは30まいになるよ。

❷イ　10をもとに考えると　8 ÷ 2 ＝ 4、10が4こだからこたえは40だね。

算数 3年　チャレンジ

円と球

1　円はどれかな？

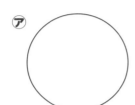
ア

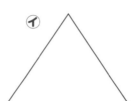
イ

ウ

2　下の図はコンパスを使ってかいたよ。

● は、コンパスのはりをさしたところだよ。

□に入る言葉はどれ？

ア　中心
イ　半径
ウ　直径

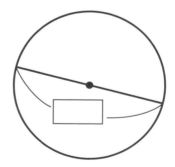

★ 127ページのこたえ

❸ウ 直径は半径の2倍の長さだよ。
❹イ どこから見ても円に見える形が球だよ。
❺エ 切り口はいつも円だよ。

算数 3年

3 円のとくちょうがまちがっているのはどれ？

- ㋐ 直径は円の中心を通る
- ㋑ 半径の２倍が直径の長さ
- ㋒ 直径の２倍が半径の長さ
- ㋓ 直径どうしは中心で交わる

4 球はどれ？

㋐ ラグビーボール

㋑ ドッジボール

㋒ りんご

㋓ たまご

5 球の切り口はどんな形？

㋐ 三角形　　㋑ 正方形　　㋒ 長方形　　㋓ 円

★126ページのこたえ

❶㋐ １つの点（中心）から長さが同じになるようにかいたまるい形が円だね。

❷㋒ コンパスのはりをさしたところを中心と言うよ。中心を通って円のまわりからまわりまでひいた直線を直径と言うよ。

127

算数 3年　チャレンジ

小数

❶

右の図で水のかさは何Lかな?

- ㋐　5 L
- ㋑　50 L
- ㋒　0.5 L

❷

1.1を表す目もりは?

★129ページのこたえ

❸㋐ 10を56こ集めると560だね。

❹㋑ 4.8は5より小さく、5.1は5より大きいよ。

❺㋒ 位をそろえて筆算するよ。4.0は4と書くよ。

3 5.6にならないのはどれ？

㋐ 10を56こ集めた数

㋑ 0.1を56こ集めた数

㋒ 5と0.6を合わせた数

㋓ 1を5こと0.1を6こ合わせた数

4 4.8□5.1の□にあてはまる不等号はどれ？

㋐ ＝　㋑ ＜　㋒ ＞

5 7.2－3.2の筆算が正しいのはどれ？

㋐

```
   7.2
－  3.2
───────
  688
```

㋑

```
   7.2
－  3.2
───────
  698
```

㋒

```
  7.2
－3.2
─────
  40
```

㋓

```
  7.2
－3.2
─────
  4.0
```

★128ページのこたえ

❶㋒ 1Lを10等分したかさは0.1Lだよ。0.1Lが5こ分だから0.5Lだね。

❷㋒ 1.1は、1より0.1だけ大きいよ。

算数 3年　チャレンジ

重さのはかり方

1

はりのさしている重さはどれ？

㋐　300g
㋑　400g
㋒　1 kg 200g
㋓　1 kg 300g

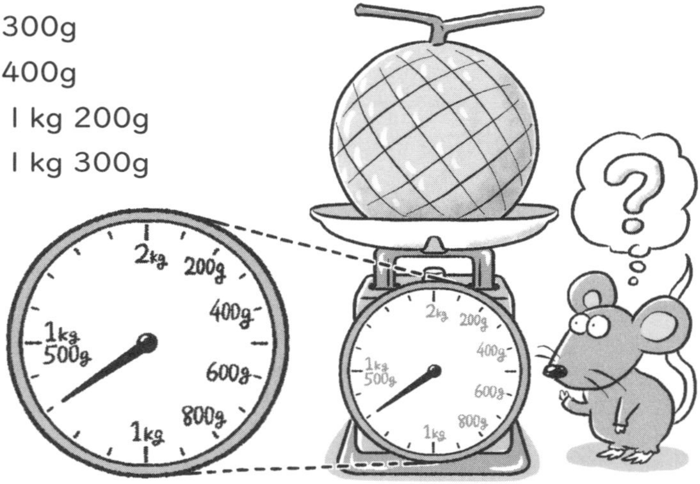

2

1円玉1この重さは1□。
□に入る重さのたんいはどれ？

㋐　g　　㋑　kg　　㋒　t

★131ページのこたえ

❸㋒ gとmをそれぞれ1000倍するとkgとkmになるよ。
❹㋑ 同じたんいの数どうしをたすよ。
❺㋒ 式は4kg 600g − 1kg 100gだね。

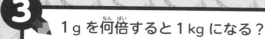

算数 3年

3

1g を何倍すると 1kg になる？

ⓐ 10倍
ⓘ 100倍
ⓤ 1000倍
ⓔ 10000倍

この単位の問題は大事ですね〜

4

重さ 1kg 300g のランドセルに200g の筆箱を入れたよ。全体の重さはどれだけ？

ⓐ 1kg 400g　　ⓘ 1kg 500g
ⓤ 1kg 600g　　ⓔ 1kg 700g

5

スーツケースの重さは 1kg100g で、スーツケースに荷物を入れてはかったら、4kg 600g になったよ。荷物の重さはどれだけ？

ⓐ 3kg 100g　　ⓘ 3kg 300g
ⓤ 3kg 500g　　ⓔ 5kg 700g

★130ページのこたえ

❶ⓔ 1kg より300g 重いところをさしてるよ。
❷ⓐ 1円玉 1この重さは 1g だよ。

分数

1

$\frac{1}{5}$の正しいせつ明はどれ？

㋐ $\frac{1}{5}$は整数

㋑ $\frac{1}{5}$は小数

㋒ $\frac{1}{5}$は分数

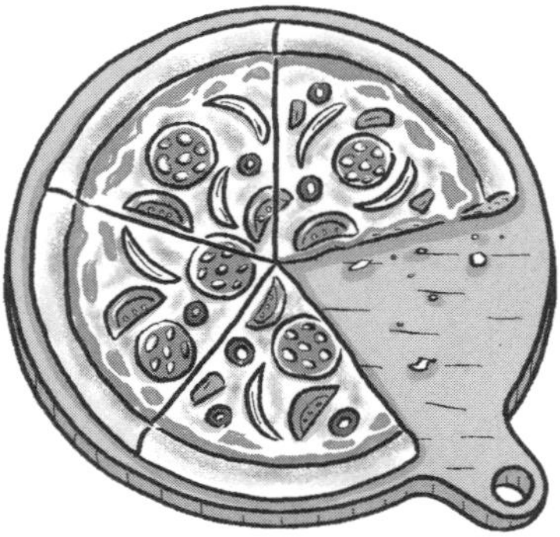

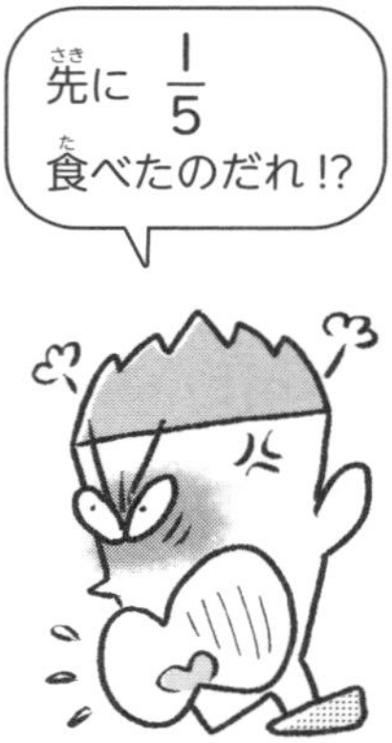

2

右の図の水かさは、何L？

㋐ 2L

㋑ 0.2L

㋒ $\frac{3}{2}$ L

㋓ $\frac{2}{3}$ L

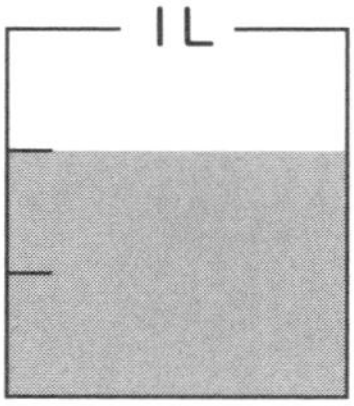

★133ページのこたえ

❸㋒ $\frac{1}{10}$=0.1だよ。$\frac{15}{10}$=1.5だね。
❹㋐ $\frac{1}{7}$をもとにして、2＋4の計算で考えるよ。
❺㋑ 1＝$\frac{3}{3}$だよ。

算数 3年

3 $\frac{15}{10}$ □0.5の□に入る不等号はどれ？

㋐　＝　　　㋑　＜　　　㋒　＞

4 $\frac{2}{7} + \frac{4}{7}$ のこたえはどれ？

㋐　$\frac{6}{7}$　　　㋑　$\frac{6}{14}$

㋒　$\frac{2}{7}$　　　㋓　6

5 $1 - \frac{2}{3}$ のこたえはどれ？

㋐　$\frac{2}{3}$　　　㋑　$\frac{1}{3}$

㋒　$\frac{1}{5}$　　　㋓　1

★132ページのこたえ

❶㋒ $\frac{1}{5}$ のような数を分数と言うよ。5は分母、1は分子だね。

❷㋓ 1Lを3等分しているから、1目もりは $\frac{1}{3}$ Lだね。

133

算数 3年　チャレンジ

□を使った式

1

ゆいさんの小学校の3年生の数は4月は152人で、9月までに8人が転入して、何人か転出したので、156人になったよ。この話を□を使った式に表しているのはどれ？

ア　152＋8－□＝156
イ　152＋8＋□＝156
ウ　152－8－□＝156
エ　152＝8－□＋156

わたしは
だれでしょう

□って何？
とうふ？　はこ？

しかく♪　しかく♪

ムムム？

2

マナブはカードを32まい持っているよ。何まいか買ってもらったので、全部で41まいになったよ。この話を□を使った式に表しているのはどれ？

ア　32－□＝41　　イ　32＋□＝41　　ウ　□－32＝41

★135ページのこたえ

❸ウ　はじめの数－配った数＝のこりの数だよ。
❹ウ　1このお金×あめの数＝代金だよ。
❺エ　花の数÷1つのたばの花の数＝花たばの数だよ。

学習した日 ／ ／ ／

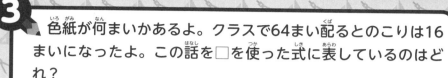

3

色紙が何まいかあるよ。クラスで64まい配るとのこりは16まいになったよ。この話を□を使った式に表しているのはどれ？

[ア] 64＋□＝16　[イ] 64－□＝16

[ウ] □－64＝16　[エ] □＋64＝16

4

1こ8円のあめを何こか買うと、代金が96円になったよ。この話を□を使った式に表しているのはどれ？

[ア] 64＋□＝96　[イ] 8－□＝96

[ウ] 8×□＝96　[エ] □×96＝8

5

花が何本かあります。6本ずつたばにすると、8たばできたよ。この話を□を使った式に表しているのはどれ？

[ア] □＋6＝8　[イ] □×6＝8

[ウ] 6÷□＝8　[エ] □÷6＝8

算数 3年

★134ページのこたえ

❶[ア] 話のとおりに場面を式に表すよ。転入はたし算、転出はひき算だね。
❷[イ] 何まいか、を□で表すと式ができるよ。

算数 3年　チャレンジ

かけ算の筆算・大きい数のかけ算

1

36×3の筆算が正しいのはどれ？

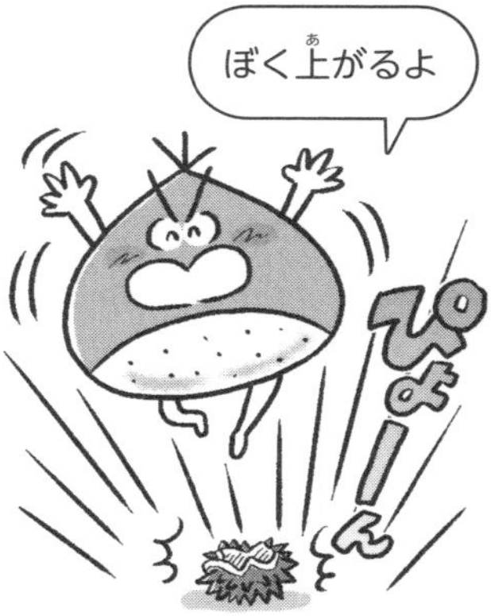

㋐
```
 36
× 3
───
 96
```

㋑
```
 36
× 3
───
 39
```

㋒
```
 36
× 3
───
 98
```

㋓
```
 36
× 3
───
108
```

2

502×4の筆算が正しいのはどれ？

㋐
```
 502
×  4
────
 208
```

㋑
```
 502
×  4
────
2008
```

㋒
```
 502
×4
────
2002
```

㋓
```
 502
× 4
────
 208
```

★137ページのこたえ

❸㋐ 20は2の10倍と考えるよ。
❹㋒ 64×2のこたえは、十の位から書こう。
❺㋑ 2けた×2けたと同じように考えるよ。

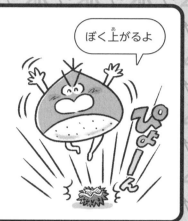

学習した日 ／ ／ ／

3

41×20のこたえはどれ？

[ア] 820　[イ] 82　[ウ] 4120　[エ] 61

4

64×28の筆算が正しいのはどれ？

[ア]
```
  64
 ×28
4832
128
6112
```

[イ]
```
 64
×28
512
128
640
```

[ウ]
```
  64
 ×28
 512
128
1792
```

5

618×45の筆算が正しいのはどれ？

[ア]
```
    618
  ×  45
  30540
24432
274860
```

[イ]
```
  618
×  45
 3090
2472
27810
```

[ウ]
```
 618
× 45
3090
2472
5562
```

★136ページのこたえ

❶[エ] 位をそろえて筆算するよ。三三が9に、一の位からくり上げた1をたすよ。
❷[イ] 十の位に、0×4＝0の0が入るよ。

算数 3年

三角形と角

1 正三角形はどれ？

 ㋐

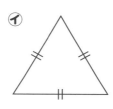 ㋑

㋒

世の中、三角形だらけだワン

2 右の三角形の名前はどれ？

㋐ 正三角形
㋑ 直角三角形
㋒ 二等辺三角形

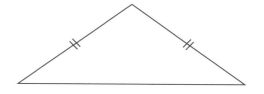

★ 139ページのこたえ

❸㋒ ㋐と㋔は辺、㋑はちょう点だよ。
❹㋑ ㋐と㋒は正三角形のとくちょうだよ。
❺㋐ 正方形は辺の長さがどれも等しいから、2つの辺の長さが等しいよ。

3 角はどこ？

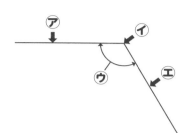

4 二等辺三角形のとくちょうはどれ？

ア 3つの角の大きさがすべて等しい
イ 2つの角の大きさが等しい
ウ 3つの辺の長さがすべて等しい
エ 辺の長さと角の大きさがすべてちがう

5 右の三角形は、正方形の色紙を半分におってつくっているよ。この三角形の名前はどれ？

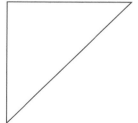

ア 直角二等辺三角形
イ 正三角形
ウ じょうぎ三角形

★138ページのこたえ

❶イ 3つの辺の長さがどれも等しい三角形が正三角形だよ。
❷ウ 2つの辺の長さが等しくなっているね。

算数 3年　チャレンジ

ぼうグラフと表

1

右のグラフの名前はどれ？

㋐ 線グラフ
㋑ テープグラフ
㋒ ぼうグラフ

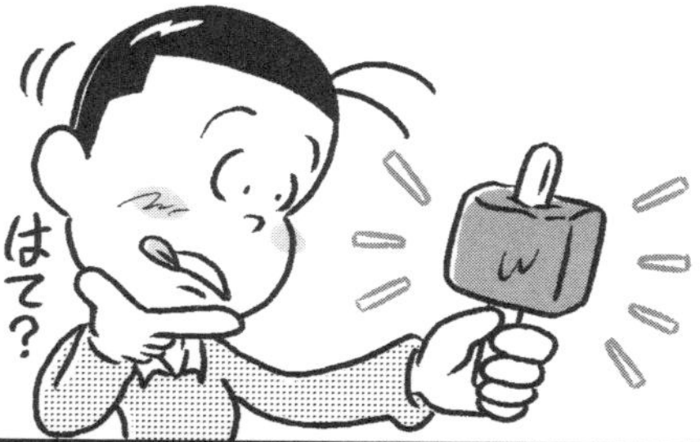

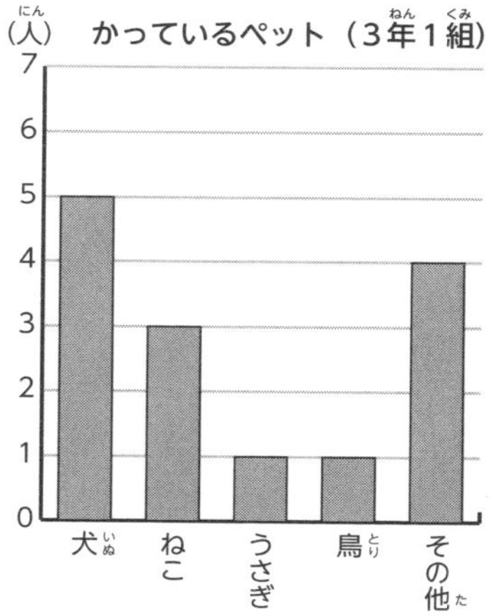

2

ぼうグラフで表すとわかりやすいものは、どっち？

㋐ ある日の気温がどうかわったのかを表す
㋑ みきさんの曜日ごとの本を読んだ時間を表す

★141ページのこたえ

❸㋐ 0と10の間に1目もりあるので、このぼうグラフは1目もり5kmで表されているね。
❹㋑ 本のたんいは「さつ」だね。
❺㋓ 0と10の間がいくつに区切られているか数えてみよう。

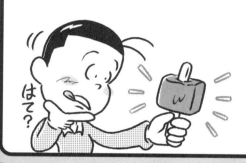

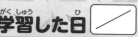

3

右のグラフの１目もりが表している大きさはどれ？

㋐ 5 km　㋑ 10 km
㋒ 20 km　㋓ 25 km

4

右のぼうグラフは、学校の図書室でかし出した本の数を表しているよ。グラフの(　)に入るたんいはどれ？

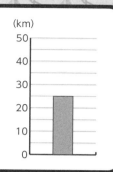

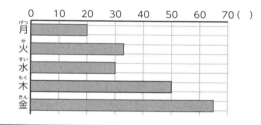

㋐ 人　㋑ さつ
㋒ 日　㋓ 月

5

右のぼうグラフは、先週、学校を休んだ人の数を表しているよ。水曜日に休んだ人は何人？

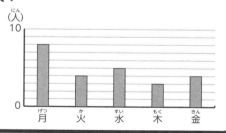

㋐ 1人　㋑ 3人
㋒ 4人　㋓ 5人

★140ページのこたえ

❶㋒ ぼうのように高さをくらべるグラフだよ。
❷㋑ ぼうグラフは高さで数を表せるよ。

算数 4年 オモシロ問題

「およその数」はテキトーじゃない！

問題

75829を、次の３つの方法で上から２けたのがい数にしよう。

(1) 切り上げ

(2) 切り捨て

(3) 四捨五入

修行の成果をみせるのじゃあーっ!!

えっ、いきなり〜っ!?

忍者のせっ定まだ続いてたんだ

こたえ

(1)切り上げ…76000 (2)切り捨て…75000

(3)四捨五入…76000

かい説

　がい数とは、およその数と同じ意味だよ。切り上げ、切り捨て、四捨五入のちがいを下記でしっかり覚えよう。

75829を、上から2けたのがい数にする3つの方法

(1)切り上げ

上から2けた目の数を「1」大きくする。
3けた目から下の位は0にする。

(2)切り捨て

上から2けた目まで残す。
3けた目から下の位は0にする。

$$75829$$
0にする
$$75000$$

(3)四捨五入

上から3けた目が、「0・1・2・3・4」の
ときは切り捨て、「5・6・7・8・9」の
ときは切り上げをする。
上から3けた目が8なので切り上げをして、
76000になる。

どこを四捨五入すればいいのかわからないときは、求めたい位の右横にたて線を引くとわかりやすくなりますよ

ねらいがつけられるね

69502を、四捨五入して上から3けたのがい数を求めるとき

上から3けたの右横にたて線

69502

0なので切り捨て

「上から3けた」の1つ下の位の0を四捨五入する

69500

69502を、四捨五入して百の位までのがい数を求めるとき

百の位の右横にたて線

69502

0なので切り捨て

「百の位まで」の1つ下の位の0を四捨五入する

69500

線を引く場所がわかってきた〜

いい感じです。これでスパッと数字がさばけますね。あとは切り上げと切り捨てもくり返しやって身につけましょう

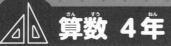

算数 4年 チャレンジ

1億より大きい数

1

東京オリンピック・パラリンピックの開さいに使われたひ用は、1423800000000円。この数は何と読む？

㋐ 一億四千二百三十八万
㋑ 百四十二億三十八万
㋒ 一万四千二百三十八億
㋓ 一兆四千二百三十八億

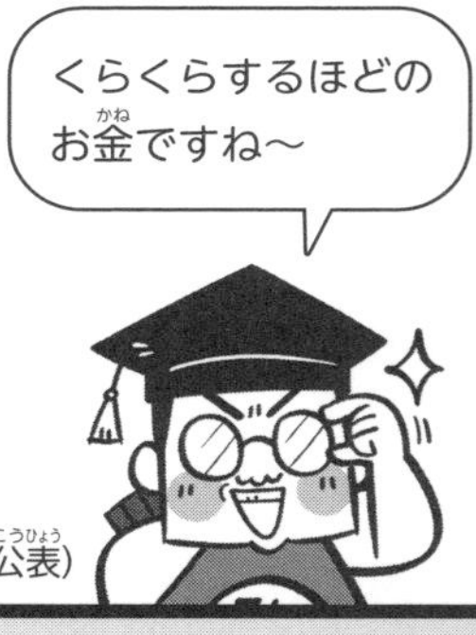
くらくらするほどのお金ですね～

（東京オリンピック・パラリンピック組織委員会、2022年6月21日公表）

2

⇩にあたる数はどれ？

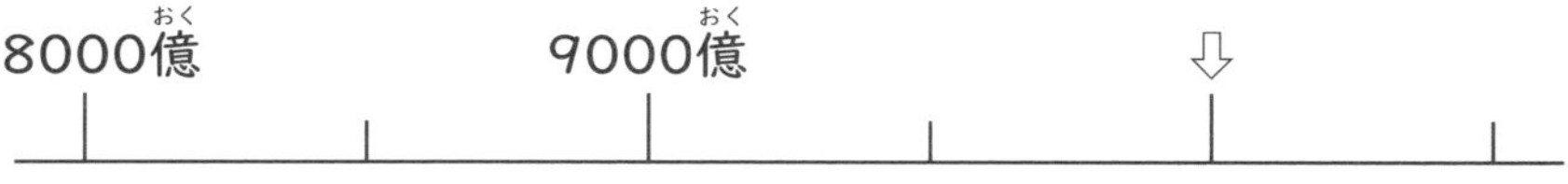
8000億
9000億
⇩

㋐ 9001億　㋑ 10000億　㋒ 1兆

★147ページのこたえ

③㋐ 位が1けたずつ下がるよ。
④㋑ 852×100×607×10＝852×607×1000として筆算するよ。
⑤㋓ たし算のこたえを和、ひき算のこたえを差、かけ算のこたえを積と言うよ。

③ 73億を $\frac{1}{10}$ にした数はいくつ？

㋐ 7億3000万　㋑ 7億3万　㋒ 7300万　㋓ 73万

④ 85200×6070の筆算が正しいのは？

㋐
```
    85200
×    6070
   59640
  5112
 5171640
```

㋑
```
    85200
×  6070
   5964
 5112
 517164000
```

㋒
```
    85200
×    6070
   596400
  5112
 5708400
```

㋓
```
    85200
×  6070
   5964
 5112
 57084000
```

⑤ 25÷3＝8あまり1 の式で、こたえの8を何と言う？

㋐ 和　㋑ 差　㋒ 積　㋓ 商

★146ページのこたえ

❶㋓ 右から4けたごとに区切るとわかりやすいよ。千万の位の左は一億の位で、千億の位の左は一兆の位だよ。

❷㋒ 1目もりは500億だよ。9000億より1000億だけ大きい数は1兆だね。

算数 4年

147

算数 4年 チャレンジ

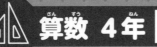

折れ線グラフと表

1

右のグラフの名前はどれ？

㋐ 線グラフ

㋑ ぼうグラフ

㋒ 折れ線グラフ

㋓ ひもグラフ

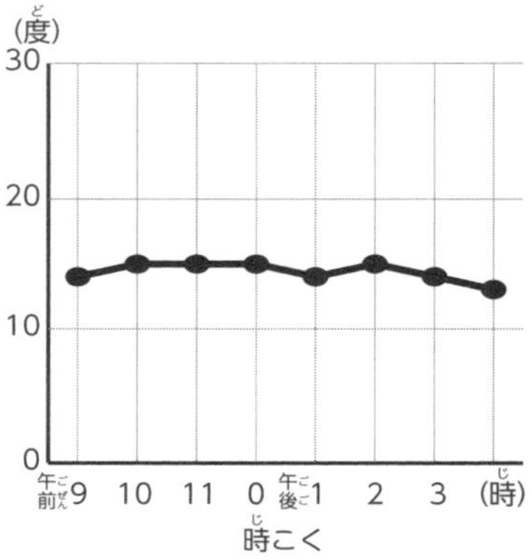

2

折れ線グラフで表すとわかりやすいものは、どれ？

㋐ パンダの赤ちゃんが生まれた日から１か月までの、毎日の体重の変化

㋑ ３年生の好きなスポーツごとの人数

㋒ 4年生のなりたいしょく業ごとの人数

★149ページのこたえ

❸㋑ 20度から22度になってるね。

❹㋒ にんじんが好きな人とピーマンがきらいな人の重なっているところの数を読むよ。

❺㋐ ㋑のぼうグラフはこう水量だね。

3 気温が２度上がっているのは何時から何時の間？

　ⓐ　午前８時から午前９時
　ⓘ　午前９時から午前10時
　ⓤ　午後４時から午後５時
　ⓔ　午後５時から午後６時

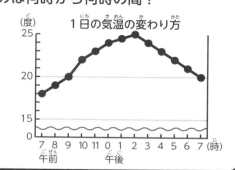

１日の気温の変わり方

算数

4年

4 にんじんが好きで、ピーマンがきらいな人は何人？

　ⓐ　18人
　ⓘ　2人
　ⓤ　9人
　ⓔ　6人

野菜の好ききらい調べ(人)

		にんじん		合計
		好き	きらい	
ピーマン	好き	18	2	20
	きらい	9	6	15
合計		27	8	35

5 気温を表しているのは
ⓐとⓘ、どっち？

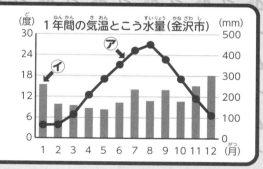

１年間の気温とこう水量(金沢市)

★148ページのこたえ

❶ⓤ　どのように変わるかがわかりやすいグラフだね。
❷ⓐ　変わっていくもののようすを表すときに、折れ線グラフを使うよ。

角の大きさ

1

この道具の名前は何？

ア 角度器
イ 分度器
ウ コンパス
エ 角じょうぎ

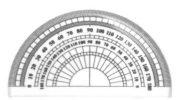

2

⊛の角度を正しくはかっているのはどれ？

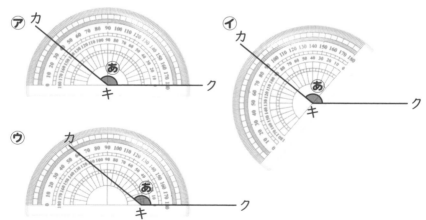

ア　カ　キ　ク

イ　カ　キ　ク

ウ　カ　キ　ク

★151ページのこたえ

3ア 0°の線を合わせたほうの目もりを読むよ。
4ウ 3直角になるよ。
5エ 180°＋30°＝210°だね。

算数 4年

3 ワニの口は何度あいてる？

ⓐ　60°
ⓘ　90°
ⓤ　120°

パカ〜ん

4 あの角度は何度？

ⓐ　90°　　　ⓘ　180°
ⓤ　270°　　ⓔ　360°

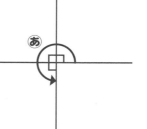

5 あの角度は何度？

ⓐ　150°
ⓘ　180°
ⓤ　330°
ⓔ　210°

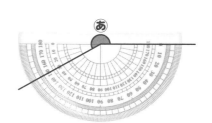

★150ページのこたえ

❶ⓘ 角の大きさをはかるのに使うよ。1目もりは1度だね。
❷ⓐ 分度器の中心を頂点キに合わせて、0°の線を辺キクに合わせてはかるよ。

小数のしくみ

1

16.06を表している目もりはどれ？

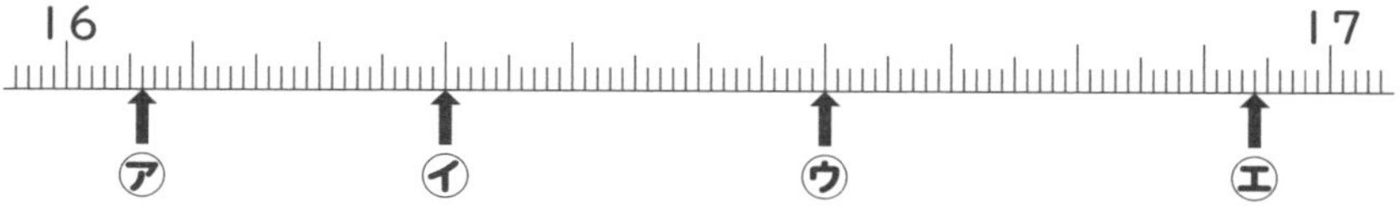
16
17
㋐
㋑
㋒
㋓

弟の足のサイズは
16.06cm だよ

2

2.3□2.03の□に入る不等号はどれ？

㋐ ＝　　㋑ ＜　　㋒ ＞

★153ページのこたえ

❸㋓ 72を $\frac{1}{10}$ にすると7.2だよ。
❹㋐ 位をそろえて計算するよ。
❺㋒ 400 g は 0.4 kg、70 g は0.07 kg、6 g は0.006 kg と順に考えるよ。

算数

4年

3 0.72にならないのはどれ？

ⓐ 0.7より0.02大きい数

ⓘ 0.01を72こ集めた数

ⓤ 0.1を7こと0.01を2こ合わせた数

ⓔ 72を$\frac{1}{10}$にした数

4 5.7＋0.329の筆算が正しいのはどれ？

ⓐ
```
    5.7
+ 0.3 2 9
─────────
  6.0 2 9
```

ⓘ
```
    5.7
+   0.3 2 9
───────────
  5 7.3 2 9
```

ⓤ
```
      5.7
+ 0.3 2 9
─────────
  0.3 8 6
```

5 476g を kg で表したのはどれ？

ⓐ 4.76kg ⓘ 4.076kg ⓤ 0.476kg

★ **152ページのこたえ**

❶ⓐ 1目もりは0.01だね。16.06は16から6目もり右だよ。

❷ⓤ 一の位の数は同じだから、小数第1位をくらべるよ。

算数 4年 チャレンジ

わり算の筆算

1

4000÷5のこたえはどれ？

㋐ 8
㋑ 80
㋒ 800
㋓ 8000

2

455÷3の筆算が正しいのはどれ？

㋐
```
    15
3)455
  3
  15
  15
     5
```

㋑
```
   150
3)455
  3
  15
  15
     5
```

㋒
```
   151
3)455
  3
  15
  15
     5
     3
     2
```

★155ページのこたえ

❸㋐ 十の位の5は16×50の意味だよ。
❹㋓ あまりには、筆算で消した0をつけるよ。
❺㋓ あまりが22だから、わる数は22より大きいね。

算数

4年

❸ 810÷16の筆算とこたえが正しいのはどれ？

ⓐ
```
        50
  16)810
     80
     10
```
50あまり10

ⓘ
```
        50
  16)810
     80
      1
```
50あまり1

ⓒ
```
         5
  16)810
      80
      10
```
5あまり10

❹ 96000÷700の筆算をしたよ。こたえはどれ？

ⓐ　13700あまり1

ⓘ　13700あまり100

ⓒ　137あまり1

ⓔ　137あまり100

```
          137
  700)96000
      7
      26
      21
       50
       49
        1
```

❺ 検算すると 43×13＋22＝581 になるわり算の式はどれ？

ⓐ　22÷13　　ⓘ　581÷22　　ⓒ　581÷13　　ⓔ　581÷43

★154ページのこたえ

❶ⓒ 4000は40の100倍だね。わられる数が100倍だとこたえも100倍だよ。
❷ⓒ 百の位→十の位→一の位 の順に計算するよ。

155

算数 4年　| チャレンジ

がい数

1　およその数のことを何と言う？

- **ア**　だいたい数
- **イ**　約数
- **ウ**　およそ数
- **エ**　がい数

2　187円のシュークリーム1こと145円のエクレア2こを500円で買える？

- **ア**　買える
- **イ**　買えない

★ 157ページのこたえ

③イ 千の位を四捨五入すると、一万の位までのがい数になるよ。

④ウ 1つ下の千の位を四捨五入するよ。

⑤イ 7500未満は、7500は入らないよ。

3

461834を千の位で四捨五入した数はどれ？

㋐ 460834　㋑ 460000

㋒ 470834　㋓ 470000

4

935164を上から２けたのがい数にするには、何の位を四捨五入する？

㋐ 十万の位　㋑ 一万の位

㋒ 千の位　㋓ 百の位

5

百の位を四捨五入して7000になる整数のはんいはどれ？

㋐ 6500以上7500以下

㋑ 6500以上7500未満

㋒ 6500以上7499未満

㋓ 6501以上7499以下

★156ページのこたえ

❶㋓ およその数のことを、がい数と言うよ。

❷㋐ 187円を190円、145円を150円として見積もるよ。
190＋150×2＝190＋300＝490だね。

算数 4年　チャレンジ

計算のきまり

1

8×(9＋2)の計算の順じょが正しいのはどれ？

ア　8×(9＋2)＝8×9＋2＝72＋2

イ　8×(9＋2)＝8×2＋9＝16＋9

ウ　8×(9＋2)＝8×11

カッコぅは
大事よ

じゃ～ん！

ばさ～

2

12－6÷3×2の計算の順じょが正しいのはどれ？

ア　12－6÷3×2＝6÷3×2＝2×2

イ　12－6÷3×2＝6÷3×2＝6÷6

ウ　12－6÷3×2＝12－2×2＝12－4

エ　12－6÷3×2＝12－6÷6＝12－1

★159ページのこたえ

❸ア　イとウを結合のきまり、エを分配のきまりと言うよ。

❹イ　(100－4)×7＝700－28 と計算がらくになるよ。

❺エ　(出したお金)－(代金)＝おつり だね。

158

3

計算のきまりがまちがっているのはどれ？

㋐ ○＋□＝□－○

㋑ (○＋□)×△＝○×△＋□×△

㋒ (○－□)×△＝○×△－□×△

㋓ (○×□)×△＝○×(□×△)

4

96×7をくふうして、96×7＝(□－4)×7と計算しようと考えたよ。□に入る数はどれ？

㋐ 90　㋑ 100　㋒ 110　㋓ 120

5

1000円を持ってスーパーマーケットに行き、25円のチョコレートを6こと120円のクッキーを3こと88円のガムを1こ買い物したよ。おつりを求める式はどれ？

㋐ 25×6＋120×3＋88

㋑ 25×6＋120×3＋88－1000

㋒ 1000－25×6＋120×3＋88

㋓ 1000－(25×6＋120×3＋88)

★158ページのこたえ

❶㋒ (　)の中を先に計算するよ。

❷㋒ ×や÷は、－より先に計算するよ。

6÷3＝2 → 2×2＝4 → 12－4＝8 の順になるよ。

垂直・平行、四角形

1

三角じょうぎの辺をのばして直線をかいたよ。垂直な直線はどれとどれ？

ア ①と②
イ ①と③
ウ ②と③

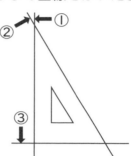

2

平行な直線はどれとどれ？

ア ①と②
イ ②と③
ウ ③と④
エ ②と④

しゅばばばば

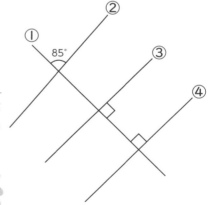

85°

★**161ページのこたえ**

❸**イ** 向かい合った1組の辺が平行だね。
❹**エ** 円の半径は同じだから、辺の長さがすべて等しいよ。
❺**イ** **ア**は平行四辺形で、**ウ**は長方形の対角線だね。

3

図の四角形の辺 AB と辺 CD は平行だよ。この四角形を何と言う？

ア　正方形 (せいほうけい)　　　　イ　台形 (だいけい)

ウ　平行四辺形 (へいこうしへんけい)　　　　エ　ひし形 (がた)

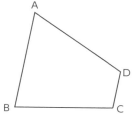

算数

4年

4

図のように、同じ大きさの2つの円を使ってかいた四角形を何と言う？

ア　長方形 (ちょうほうけい)

イ　台形 (だいけい)

ウ　正方形 (せいほうけい)

エ　ひし形 (がた)

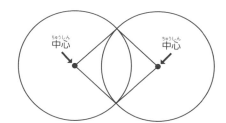

中心 (ちゅうしん)　　中心 (ちゅうしん)

5

対角線を使って四角形をかくよ。ひし形がかけるのはどれ？

ア
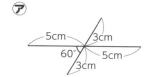

イ
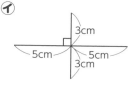

ウ
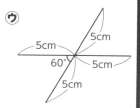

★**160ページのこたえ**

❶イ　2本の直線が直角に交わっているとき、2本の直線は垂直だよ。

❷ウ　平行な2本の直線は、ほかの直線と等しい角度で交わるよ。

161

分数

1 リボンの長さは何m？

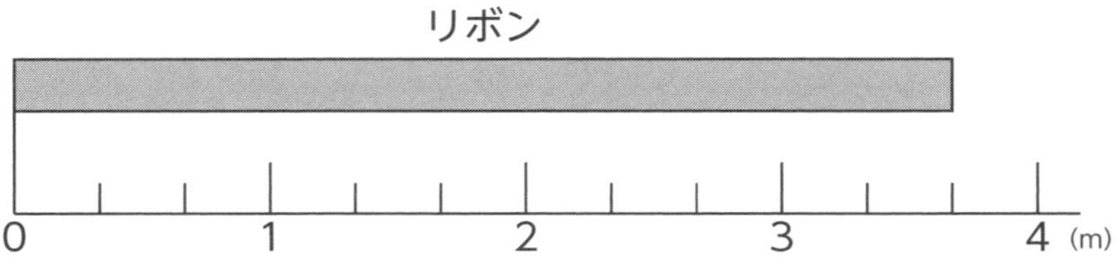
リボン
0
1
2
3
4 (m)

[ア] 3.2m

[イ] 3.5m

[ウ] $3\frac{3}{2}$ m

[エ] $3\frac{2}{3}$ m

にゃ〜♪
回したら
はかれない
でしょ
くる
くるくる

2 次の分数の中で、真分数はどれ？

[ア] $\frac{2}{7}$　[イ] $\frac{2}{2}$　[ウ] $\frac{9}{6}$　[エ] $1\frac{2}{5}$

★163ページのこたえ

[3][ウ] 整数の4を分母が4の分数になおして考えるよ。

[4][イ] 分子が同じなら、分母が大きいほど小さい分数になるよ。

[5][ウ] $\frac{3}{9}$から$\frac{4}{9}$はひけないから、$2\frac{3}{9}=1\frac{9+3}{9}$と考えるよ。

算数

4年

③

$4\dfrac{3}{4}$ を仮分数になおしたのはどれ？

㋐　$1\dfrac{15}{4}$

㋑　$\dfrac{43}{4}$

㋒　$\dfrac{19}{4}$

㋓　$\dfrac{3}{4}$

④

$\dfrac{5}{8}$ □ $\dfrac{5}{6}$ の□にあてはまる不等号はどれ？

㋐　＝　　㋑　＜　　㋒　＞

⑤

$2\dfrac{3}{9} - \dfrac{4}{9}$ のこたえはどれ？

㋐　$2\dfrac{7}{9}$

㋑　$1\dfrac{2}{9}$

㋒　$1\dfrac{8}{9}$

㋓　$2\dfrac{8}{9}$

★162ページのこたえ

❶㋓　3ｍと、$\dfrac{1}{3}$ ｍを2こ分合わせた長さだよ。

❷㋐　分子が分母より小さい分数が真分数だね。㋑と㋒は仮分数、㋓は帯分数だね。

変わり方

1

17このクッキーをマツリとマナブの2人で分けたときのクッキーの数を表にしたよ。
「マツリの数」と「マナブの数」の関係の説明がまちがっているのはどれ？

マツリの数（こ）	1	2	3	4	5	6
マナブの数（こ）	16	15	14	13	12	11

ア　マツリの数が1ずつふえると、マナブの数は1ずつへる
イ　マツリの数とマナブの数の和は17になる
ウ　マツリの数はいつもマナブの数より少ない

2

1辺が1cmのひし形のタイルを図のように1だん、2だん…とならべるよ。だんが1ずつふえると、まわりの長さはいくつずつふえる？

1だん　　　　2だん　　　　3だん　　・・・・・・

ア　1cm　　イ　2cm　　ウ　3cm　　エ　4cm

★165ページのこたえ

❸イ　タイルが1こ、2こ、3こ…のとき、まわりの長さは、6cm、8cm、10cm…となっているね。
❹エ　❷の問題のこたえの表から、（だんの数）×4＝（まわりの長さ）だね。
❺エ　30×4で考えるよ。

算数 4年

3 1辺が2cmの正三角形のタイルを図のように1こ、2こ… とならべるよ。タイルが1こふえると、まわりの長さは何cm ふえる？

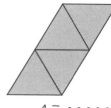

1こ　　　　2こ　　　　3こ　　　　4こ・・・・・・

ア　1cm　　　イ　2cm　　　ウ　3cm　　　エ　4cm

4 ❷の問題で、タイルのだんの数を□だん、まわりの長さを △cmとすると、どんな関係になる？

ア　□＋3＝△　　　イ　□＋4＝△
ウ　□×3＝△　　　エ　□×4＝△

5 ❷の問題で、タイルのだんが30だんのとき、まわりの長さ は何cm？

ア　34cm　　　イ　40cm　　　ウ　100cm　　　エ　120cm

★164ページのこたえ

❶ウ　マツリが10こ、マナブが7この場合もあるよ。表がとちゅうまでしかない から気をつけよう。

❷エ　表をつくるとわかりやすいね。

だんの数（だん）	1	2	3	4	
まわりの長さ	4	8	12	16	

面積の表し方とはかり方

1
面積の単位にないのはどれ？

㋐　cm²

㋑　km

㋒　ha

㋓　a

ぼくの家は東京ドーム1こ分だよ

ひろっ！

2
図の長方形の面積を正しく求めているのはどれ？

㋐　7 × 7 = 49 m²

㋑　9 × 9 = 81 m²

㋒　7 × 9 = 63 m²

㋓　7 × 9 = 63 cm²

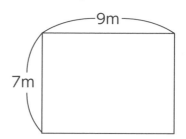

9m

7m

★167ページのこたえ

❸㋐　30m × 80m = 2400m²　2400m² = 24a　だね。

❹㋓　上の線をつなげて、たてが4cm、横が9cmの長方形から、1辺が3cmの正方形をひくよ。

❺㋒　8 × □ = 56となる、□に入る数を考えるよ。

算数 4年

3 たてが30m、横が80mの畑の面積はどれ？

㋐　24 a　　㋑　24 m²　　㋒　24 km²　　㋓　2400 km²

4 図の面積を求める式が正しいのはどれ？

㋐　3×2＋3×4　　㋑　4×2＋1×9＋3×4

㋒　4×2＋4×4　　㋓　4×9－3×3

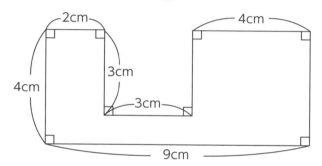

5 面積が56 cm²で、たての長さが8 cm の長方形をかくよ。横の長さは何 cm ？

㋐　5 cm　　㋑　6 cm　　㋒　7 cm　　㋓　8 cm

★166ページのこたえ

❶㋑ km は長さの単位だね。1 a＝100 m²、1 ha＝10000 m²だよ。
❷㋒ 長方形の面積は「たて×横」、正方形の面積は「1辺×1辺」で求めるよ。単位にも注意しよう。

算数 4年　チャレンジ

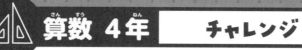

小数のかけ算とわり算

1

175×6＝1050です。1.75×6のこたえはどれ？

[ア] 105
[イ] 10.5
[ウ] 1.05
[エ] 0.105

```
  175
×   6
─────
 1050
```

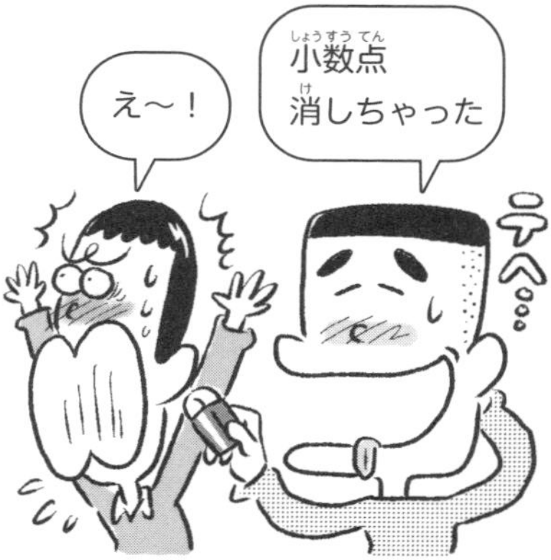

2

32.6×14の筆算が正しいのはどれ？

[ア]

```
 32.6
 ×14
─────
 128
 32
─────
 448.6
```

[イ]

```
   32.6
   ×14
───────
 1304
 326
───────
 4564.6
```

[ウ]

```
  32.6
 ×  14
──────
 1304
  326
──────
 163.0
```

[エ]

```
  32.6
 ×  14
──────
 1304
 326
──────
 456.4
```

★169ページのこたえ

❸[ウ] 7の右に小数点が入るから、商は1.75だね。
❹[ア] あまりの小数点は、わられる数の小数点にそろえるよ。
❺[ウ] 150×1.7＝255 だね。

算数

4年

3

右の筆算は小数点をうっていないよ。
7÷4をわりきれるまで計算したこたえはどれ？

```
      1 7 5
  4 ) 7
      4
      3 0
      2 8
        2 0
        2 0
          0
```

㋐　175

㋑　17.5

㋒　1.75

㋓　0.175

4

85.6÷5の商を一の位まで求めて、あまりも出すよ。
正しいこたえはどれ？

㋐
```
      1 7
  5 ) 8 5.6
      5
      3 5
      3 5
        6
```
17あまり0.6

㋑
```
      1 7 1
  5 ) 8 5.6
      5
      3 5
      3 5
        6
        5
        1
```
171あまり0.1

㋒
```
      1 7
  5 ) 8 5.6
      5
      3 5
      3 5
        6
```
17あまり6

5

生まれたときに150gだったパンダの赤ちゃんは、今は生後10日間で、生まれたときの体重の1.7倍になったよ。今の体重は何gかな？

㋐　2.55g

㋑　25.5g

㋒　255g

㋓　2550g

★168ページのこたえ

❶㋑ 175の$\frac{1}{100}$倍が1.75だから、1050の$\frac{1}{100}$倍がこたえになるよ。

❷㋓ 整数×整数と同じように筆算してから、かけられる数にそろえて小数点をうつよ。

算数 4年 チャレンジ

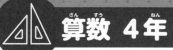

直方体と立方体

1

さいころのように、正方形だけでかこまれた形を何と言う？

㋐ 直方体
㋑ 正方体
㋒ 立方体
㋓ 球

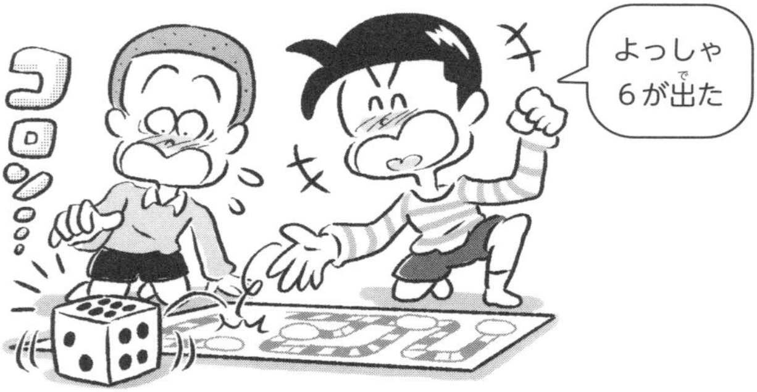

2

図の直方体の色のついた面と平行な面はどれ？

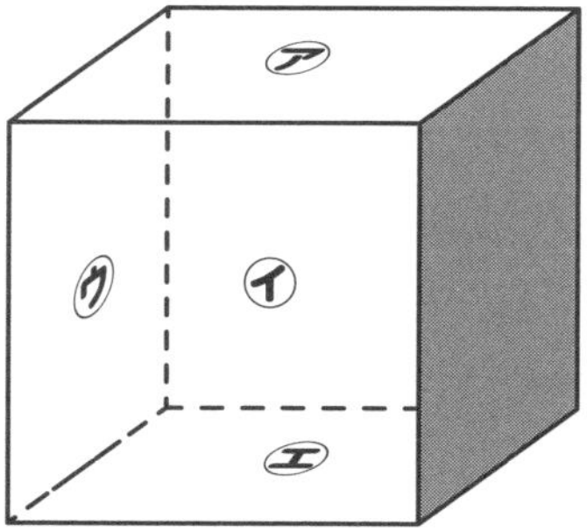

★171ページのこたえ

❸㋐ 1つの目もりが10 cm だね。
❹㋑ A から矢印の向きに、たて2cm、高さ3cmの順にたどろう。
❺㋓ 立体を辺にそって切り開いた図を展開図と言うよ。組み立てて重なる面がないか、たしかめよう。

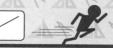

3

花だんの点Bの位置に花の種をうえたよ。点Aをもとにして、点Bの位置を表しているのはどれ？

㋐ （たて20 cm、横40 cm）
㋑ （たて40 cm、横20 cm）
㋒ （たて 2 cm、横 4 cm）
㋓ （たて 4 cm、横 2 cm）

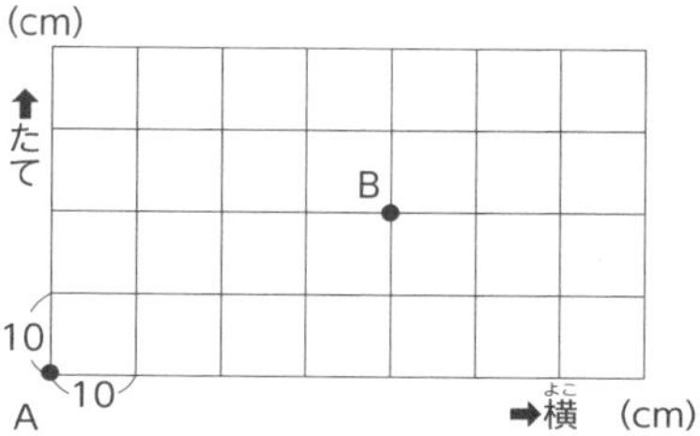

4

図の立体は直方体だよ。
点Aをもとにして、
(たて2 cm、横0 cm、高さ3cm)
の位置を表しているのはどれ？

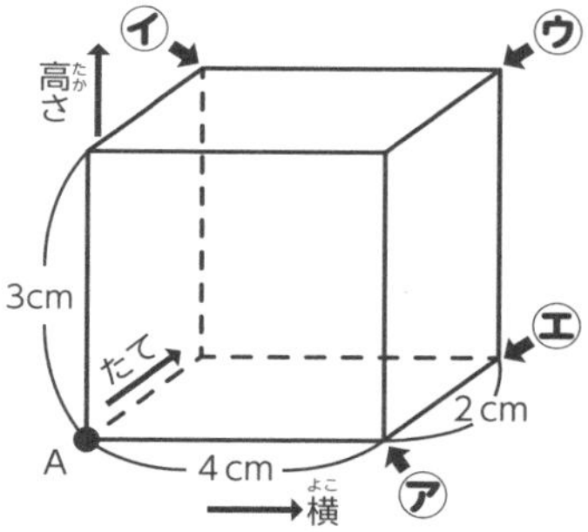

5

立方体の展開図ではないのはどれ？

㋐
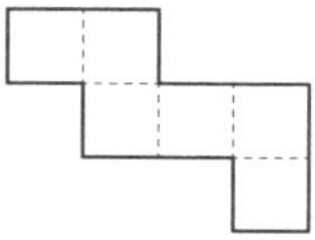

㋑
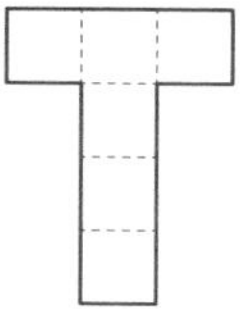

㋒
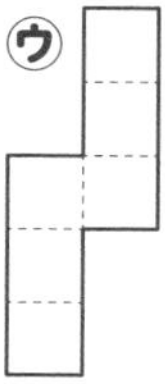

㋓
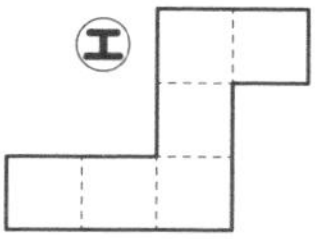

★170ページのこたえ

❶㋒ 直方体は長方形だけでかこまれているものと、正方形と長方形でかこまれているものがあるよ。直方体や立方体や球などを立体と言うよ。
❷㋒ 直方体や立方体は向かい合った面が平行になるよ。

算数 4年

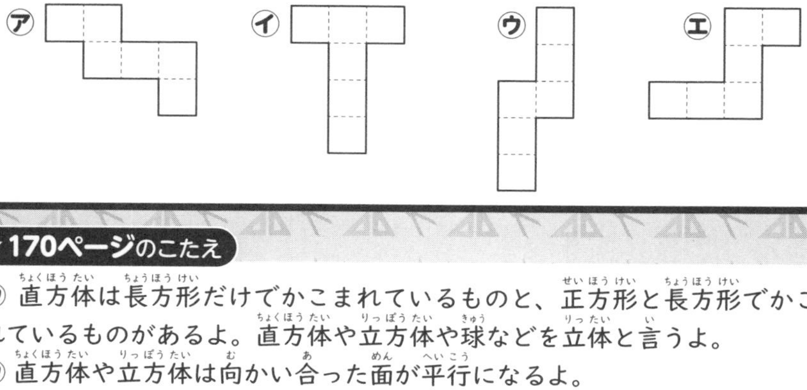

整数と小数

1

3.208についての説明が正しくないのはどれ？

ⓐ　1×3＋0.1×2＋0.01×8
のこたえと等しい

ⓘ　0.3208を10倍した数

ⓤ　0.001を3208こ集めた数

ⓔ　3208を $\frac{1}{1000}$ にした数

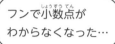

フンで小数点が
わからなくなった…

プリプリプリ…

3208

2

次の筆算のこたえは、どこに小数点をうつ？

```
      2.98
  ×   7.5
  ───────
    1490
   2086
  ───────
  22350
  ↑ ↑ ↑ ↑
  ア イ ウ エ
```

★173ページのこたえ

❸ⓤ （5－0.2）×2.6＝5×2.6－0.2×2.6に、計算のきまりを使っているよ。

❹ⓔ わられる数とわる数に同じ数をかけても、商は同じだね。

❺ⓔ あまりの小数点は、わられる数のもとの小数点にそろえてうつよ。

算数 5年

3

$$4.8 \times 2.6 = (5 - 0.2) \times 2.6$$
$$= 5 \times 2.6 - 0.2 \times 2.6$$
$$= 13 - 0.52$$
$$= 12.48$$

の計算のくふうは、次のどの計算のきまりを使った？

㋐　$(\bigcirc + \triangle) + \square = \bigcirc + (\triangle + \square)$

㋑　$(\bigcirc \times \triangle) \times \square = \bigcirc \times (\triangle \times \square)$

㋒　$(\bigcirc - \triangle) \times \square = \bigcirc \times \square - \triangle \times \square$

4

$5.22 \div 0.36$ と商が等しくなるわり算はどれ？

㋐　$52.2 \div 360$　㋑　$0.522 \div 36$　㋒　$522 \div 0.36$　㋓　$522 \div 36$

5

$8.97 \div 2.4$ の商を $\dfrac{1}{10}$ の位まで求め、あまりも出そうとして筆算したけれど、小数点をうちわすれていたよ。
正しいこたえはどれ？

```
        3 7 3
  24) 8 9 7
      7 2
      1 7 7
      1 6 8
          9 0
          7 2
          1 8
```

㋐　37.3あまり18　　㋑　37.3あまり1.8

㋒　3.7あまり0.9　　㋓　3.7あまり0.09

★172ページのこたえ

❶㋐　3.208は、1を3こと0.1を2こと0.001を8こ合わせた数だね。

❷㋑　積の小数点は、かける数とかけられる数の小数点の右にあるけたの数の和（2＋1＝3）だけ、右から数えてうつよ。

何倍

1

2でわりきれる整数を何と言う？

- ㋐ 約数
- ㋑ 倍数
- ㋒ 偶数
- ㋓ 奇数

ねるな！

こっくり　こっくり

ぐう……

おーい

2

4の倍数でないのはどれ？

- ㋐ 1
- ㋑ 4
- ㋒ 36
- ㋓ 56

★175ページのこたえ

❸㋒ 2と7の共通な倍数のうちで、いちばん小さい数が、最小公倍数だよ。

❹㋑ どちらの数をわってもわりきれる数が公約数だよ。

❺㋒ 底辺の長さが2倍、3倍になると、面積も2倍、3倍……になっているね。

174

3

2と7の最小公倍数はどれ？

ⓐ 1　　ⓘ 7
ⓤ 14　　ⓔ 28

4

9と12の公約数にない数はどれ？

ⓐ 1　　ⓘ 2　　ⓤ 3

5

図のように、底辺の長さが変わるとき、平行四辺形の面積は表のように変わるよ。

底辺の長さ(cm)	1	2	3	4	5
面積(cm³)	3	6	9	12	15

このとき、面積は底辺の長さに◻すると言うよ。
◻に入る言葉はどれ？

ⓐ 約数
ⓘ 倍数
ⓤ 比例
ⓔ 平行

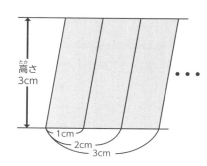

高さ
3cm

1cm
2cm
3cm

★174ページのこたえ

❶ⓤ 2でわりきれない整数は奇数だね。整数は偶数と奇数に分けられるよ。
❷ⓐ 4に整数をかけてできる数が、4の倍数だよ。

算数 5年　ステップアップ

分数といろいろな数

1 商が $\frac{2}{7}$ になるのはどれ？

㋐　7 ÷ 2
㋑　2 ÷ 7

分子と子分

上下を入れかえるとぜんぜんちがうね

2 1.61を分数で表したのはどれ？

㋐　$1\frac{61}{10}$　㋑　$3\frac{1}{10}$　㋒　$\frac{161}{10}$　㋓　$\frac{161}{100}$

★177ページのこたえ

❸㋒ 分母、分子をそれらの公約数でわって、分母の小さい分数にするよ。
❹㋓ 分母のちがう計算をするときは、通分するよ。
❺㋐ 1時間を60等分した20こ分だね。

3

$\frac{12}{27}$ を□すると、$\frac{4}{9}$ になるよ。□に入る言葉はどれ？

ア　約数　　　イ　通分

ウ　約分　　　エ　けん算

4

$\frac{5}{6} + \frac{3}{4}$ の計算のし方とこたえが正しいのはどれ？

ア　$\frac{5}{6} + \frac{3}{4} = \frac{8}{10} = \frac{4}{5}$

イ　$\frac{5}{6} + \frac{3}{4} = \frac{8}{6} = \frac{4}{3}$

ウ　$\frac{5}{6} + \frac{3}{4} = \frac{5}{12} + \frac{3}{12} = \frac{8}{12} = \frac{2}{3}$

エ　$\frac{5}{6} + \frac{3}{4} = \frac{10}{12} + \frac{9}{12} = \frac{19}{12}$

5

20分は何時間？

ア　$\frac{1}{3}$ 時間　　イ　$\frac{20}{12}$ 時間

ウ　0.2時間　　　エ　0.02時間

★176ページのこたえ

❶イ　わる数が分母、わられる数が分子だね。

❷エ　$0.1 = \frac{1}{10}$、$0.01 = \frac{1}{100}$ だよ。1.61は、$\frac{1}{100}$ が161こ分だね。

比べる

1

めぐみさんが花の種を植えて1か月後のなえの高さをはかると、次のような高さだったよ。

　13 cm、10 cm、12 cm、11 cm、13 cm

なえの高さの平均を求めているのはどれ？

　㋐　いちばん多い数が13 cm

　　　こたえ　13 cm

　㋑　(13＋10＋12＋11)÷4＝11.5

　　　こたえ　11.5 cm

　㋒　(13＋10＋12＋11＋13)÷5＝11.8

　　　こたえ　11.8 cm

2

速さ、道のり、時間を求める式がまちがっているのはどれ？

　㋐　速さ＝道のり÷時間　　　㋑　道のり＝速さ×時間
　㋒　時間＝道のり×速さ　　　㋓　時間＝道のり÷速さ

★179ページのこたえ

❸㋓ わり合は、比べられる量÷もとにする量で求められるね。
❹㋐ わり合で0.01が1％だよ。
❺㋒ どちらのグラフも、合計が100％になるようにかくよ。

算数 5年

3 10 cm をもとにした、4 cm のわり合を求める式はどれ？

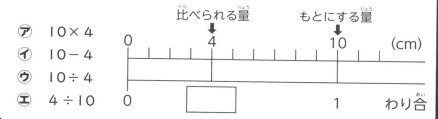

ア　10 × 4

イ　10 − 4

ウ　10 ÷ 4

エ　4 ÷ 10

比べられる量　もとにする量

0　　　　4　　　　　　10　(cm)

0　　　　　　　　　　1　わり合

4 0.372のわり合を、百分率で表したのはどれ？

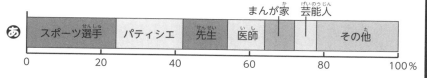

ア　37.2%　　イ　3.72%　　ウ　0.372%　　エ　372%

5 1組で将来なりたい職業のわり合をグラフで表したよ。下の あ・い のグラフの名前の組み合わせとして正しいものはどれ？

あ
| スポーツ選手 | パティシエ | 先生 | 医師 | まんが家 | 芸能人 | その他 |

0　　　　20　　　　40　　　　60　　　　80　　　100%

ア　あ：ぼうグラフ　い：円グラフ

イ　あ：ぼうグラフ　い：丸グラフ

ウ　あ：帯グラフ　い：円グラフ

エ　あ：帯グラフ　い：丸グラフ

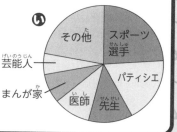

い
その他／スポーツ選手／パティシエ／先生／医師／まんが家／芸能人

★178ページのこたえ

❶ウ 平均＝合計÷個数で求められるね。

❷ウ 速さには、1時間あたりに進む道のりを表す時速、1分間あたりに進む道のりを表す分速、1秒間あたりに進む道のりを表す秒速があるね。

図形

1

ぴったり重ね合わせることができる2つの図形は、何と言う？

ア 垂直
イ 平行
ウ 比例
エ 合同

ぼくたち同じ？

ぼくは？

2

三角形の3つの角の大きさの和は何度？

ア 90°　　**イ** 180°
ウ 270°　　**エ** 360°

★181ページのこたえ

③ア 三角形や台形の面積を求めるときは、÷2がいるね。
④ウ 直方体の体積は たて×横×高さ、立方体の体積は1辺×1辺×1辺 で求められるね。単位にも気をつけよう。
⑤ア 底面が多角形の角柱と、底面が円の円柱があるよ。

❸

図形の面積を求める公式がまちがっているのはどれ？

ア 三角形の面積＝底辺×高さ

イ 三角形の面積＝底辺×高さ÷2

ウ 平行四辺形の面積＝底辺×高さ

エ 台形の面積＝（上底＋下底）×高さ÷2

❹

図の直方体の体積を求めているのはどれ？

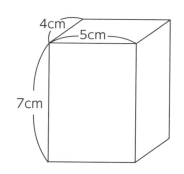

ア　4＋5＋7＝16

　　こたえ 16 cm

イ　（4＋5）×7＝63

　　こたえ 63 cm^2

ウ　4×5×7＝140

　　こたえ 140 cm^3

エ　4×5×7＝140

　　こたえ 140 m^3

4cm　5cm　7cm

❺

図のような立体を何と言う？

ア　三角柱　　イ　直方体　　ウ　立方体

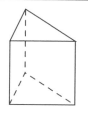

★180ページのこたえ

❶エ 合同な図形では、重なり合う辺、角、頂点を、それぞれ対応する辺、対応する角、対応する頂点 と言うよ。

❷イ 四角形の4つの角の大きさの和は360°だね。

数のいろいろ

1

底辺が x cm、高さが 5 cm の三角形の面積が y cm² になることを式に表したのはどれ？

- ㋐ $x \times 5 = y$
- ㋑ $x \times 5 \div 2 = y$
- ㋒ $x + y = 5$
- ㋓ $x - y = 5$

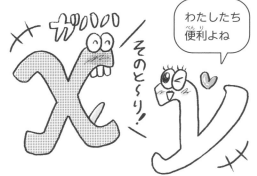

わたしたち便利よね

そのと〜り！

2

$\dfrac{2}{7} \times \dfrac{5}{9}$ の計算が正しいのはどれ？

- ㋐ $\dfrac{5}{7} \times \dfrac{5}{9} = \dfrac{2+5}{7+9} = \dfrac{7}{16}$
- ㋑ $\dfrac{2}{7} \times \dfrac{5}{9} = \dfrac{2+5}{7\times9} = \dfrac{7}{63}$
- ㋒ $\dfrac{2}{7} \times \dfrac{5}{9} = \dfrac{2\times5}{7\times9} = \dfrac{10}{63}$

★183ページのこたえ

❸㋐ $\dfrac{9}{13}$ の逆数は $\dfrac{13}{9}$ だよ。

❹㋒ 分数でわる計算は、わる数の逆数をかけるよ。

❺㋒ わり算の部分を逆数のかけ算にしてから計算するよ。

③

$\dfrac{9}{13} \times \dfrac{13}{9}$ のように、2つの数の積が1になるとき、一方の数をもう一方の□と言うよ。□に入る言葉はどれ？

ア 逆数　　**イ** 分数　　**ウ** がい数　　**エ** 奇数

④

$\dfrac{7}{5} \div \dfrac{3}{2}$ の計算が正しいのはどれ？

ア $\dfrac{7}{5} \div \dfrac{3}{2} = \dfrac{7-2}{5-3} = \dfrac{5}{2}$

イ $\dfrac{7}{5} \div \dfrac{3}{2} = \dfrac{7}{5} \times \dfrac{3}{2} = \dfrac{21}{10}$

ウ $\dfrac{7}{5} \div \dfrac{3}{2} = \dfrac{7}{5} \times \dfrac{2}{3} = \dfrac{14}{15}$

⑤

$0.3 \div \dfrac{7}{6} \times 6$ の計算が正しいのはどれ？

ア $0.3 \div \dfrac{7}{6} \times 6 = \dfrac{3}{10} \div \dfrac{7}{\cancel{6}} \times \dfrac{1}{\cancel{6}} = \dfrac{3}{10} \div 7 = \dfrac{21}{10}$

イ $0.3 \div \dfrac{7}{6} \times 6 = \dfrac{3}{10} \div \dfrac{7}{\cancel{6}} \times \dfrac{1}{\cancel{6}} = \dfrac{3}{10} \times \dfrac{1}{7} = \dfrac{3}{70}$

ウ $0.3 \div \dfrac{7}{6} \times 6 = \dfrac{3}{\cancel{10}} \times \dfrac{\cancel{6}}{7} \times 6 = \dfrac{54}{35}$

★ 182ページのこたえ

❶**イ** 三角形の面積を求める式に x や y をあてはめればいいね。

❷**ウ** 分数×分数の計算は、分母どうし、分子どうしをかけるよ。

図形

1

図は正五角形で、太い線を折り目にして二つ折りにしたとき、両側の部分がぴったりと重なるよ。
このような図形を何と言う？

ア 合同な図形
イ 拡大図形
ウ 線対称な図形
エ 点対称な図形

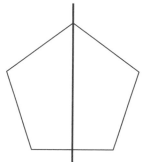

2

2つの図はどちらも正方形だよ。2つの図形の関係が正しいのはどれ？

ア あといは合同
イ あといは線対称
ウ いはあの3倍の縮図
エ いはあの3倍の拡大図

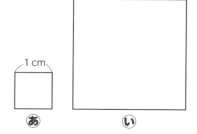

あ　　　　い

★185ページのこたえ

③ア 半径×円周÷2でも求められるよ。
④ウ 角柱、円柱の体積は、同じ公式で求めるよ。
⑤ウ 身のまわりのいろいろなものも、およその面積や体積を求められるよ。

3 円の面積を求める式が正しいのはどれ？

㋐ 半径×半径×円周率
㋑ 直径×直径×円周率
㋒ 直径×直径×円周率÷２
㋓ 半径×円周

4 角柱、円柱の体積を求める式が正しいのはどれ？

㋐ 半径×半径×高さ
㋑ たて×横×高さ
㋒ 底面積×高さ
㋓ 半径×円周×高さ

5 図のラップの箱のおよその体積はどれ？

㋐ 25 cm^3
㋑ 150 cm^3
㋒ 750 cm^3
㋓ 1000 cm^3

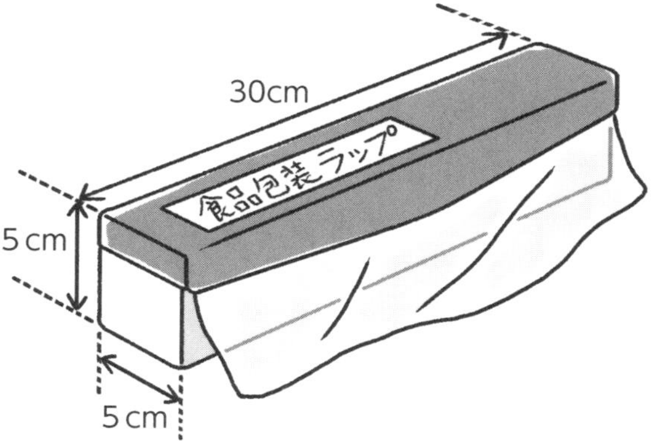

★184ページのこたえ

❶㋒ 太い線を、対称の軸と言うよ。１つの点のまわりに180°回転させると元の図形にぴったり重なる図形は点対称な図形だよ。

❷㋓ もとの図の形を変えないで大きくした図は拡大図、小さくした図は縮図だよ。[あ]は[い]の $\frac{1}{3}$ の縮図だね。

算数 6年 ステップアップ

比

1

16：9の比の値はどれ？

㋐ 25

㋑ 16.9

㋒ $\frac{9}{16}$

㋓ $\frac{16}{9}$

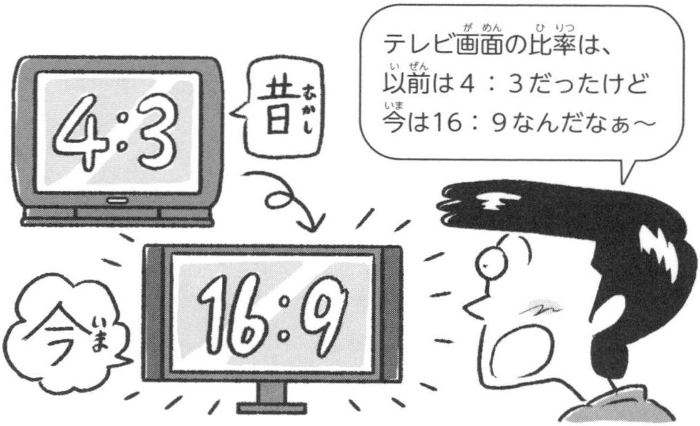

テレビ画面の比率は、以前は4：3だったけど今は16：9なんだなぁ～
4:3
昔
16:9
今

2

6：8と等しくない比はどれ？

㋐ 7：9　　㋑ 3：4

㋒ 1.2：1.6　　㋓ $\frac{2}{5}$：$\frac{8}{15}$

★187ページのこたえ

❸㋐ yがxに比例するとき、xの値が□倍になると、yの値も□倍になるよ。
❹㋑ 比例の関係を表すグラフは、0を通る直線だね。
❺㋓ 反比例では、xの値が2倍、3倍…になると、それにともなってyの値は$\frac{1}{2}$倍、$\frac{1}{3}$倍…になるよ。

算数 6年

3 y が x に比例（ひれい）するときの性質（せいしつ）で、まちがっているのはどれ？

⑦ x の値（あたい）が1、2、3…と増（ふ）えると、それにともなって y の値（あたい）も1、2、3…と増（ふ）える。

⑦ x の値（あたい）が2倍（ばい）、3倍（ばい）…になると、それにともなって y の値（あたい）も2倍（ばい）、3倍（ばい）…になる。

⑦ x の値（あたい）が $\frac{1}{2}$ 倍（ばい）、$\frac{1}{3}$ 倍（ばい）…になると、それにともなって y の値（あたい）も $\frac{1}{2}$ 倍（ばい）、$\frac{1}{3}$ 倍（ばい）…になる。

4 比例（ひれい）のグラフを表（あらわ）しているのはどれ？

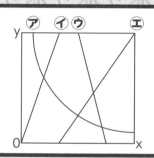

5 y が x に□するとき、$x × y =$ 決（き）まった数（かず） という関係（かんけい）になるよ。□に入る言葉（ことば）はどれ？

⑦ 等分（とうぶん）　　⑦ 約分（やくぶん）　　⑦ 比例（ひれい）　　⑤ 反比例（はんぴれい）

★186ページのこたえ

❶⑤ a：b の比（ひ）の値（あたい）は a ÷ b の商（しょう）になるよ。

❷⑦ 比（ひ）の値（あたい）が同（おな）じ比（ひ）は、等（ひと）しいね。⑤は、$\frac{2}{5}$ と $\frac{8}{15}$ に15をかけるとかんたんな比（ひ）になるよ。

算数 6年　ステップアップ

いろいろなデータ

①

ひろとさん、ゆいさん、だいきさんの順で「あたり」と「はずれ」の入った商店街のくじを引いたよ。3人のくじの引き方は、何通り？

先に引いたほうがあたりやすいかな？

ア 3通り
イ 4通り
ウ 6通り
エ 8通り

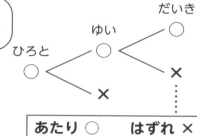

| あたり ○ | はずれ × |

②

6年1組で家から学校までの登校時間を調べた結果を数直線で表したよ。このような図を何と言う？

①、②…、は出席番号です。

ア ドットプロット　**イ** 点グラフ　**ウ** 点直線　**エ** 線上図

★189ページのこたえ

❸**イ** データの値を、大きさ順にならべたときの中央の値だね。

❹**ウ** 0分以上〜5分未満、5分以上〜10分未満…の階級ずつの度数（人数）をグラフにするよ。

❺**ア** データの特ちょうを調べるときに、代表値の値で比べるよ。

188

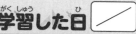

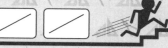

3

❷のデータの中央値はどれ？

㋐ 9分　㋑ 10分　㋒ 11分　㋓ 12分

4

❷のデータを、5分ずつに区切って、グラフにしたよ。
このグラフを何と言う？

㋐ 棒グラフ
㋑ 帯グラフ
㋒ 柱状グラフ
㋓ 円グラフ

登校時間

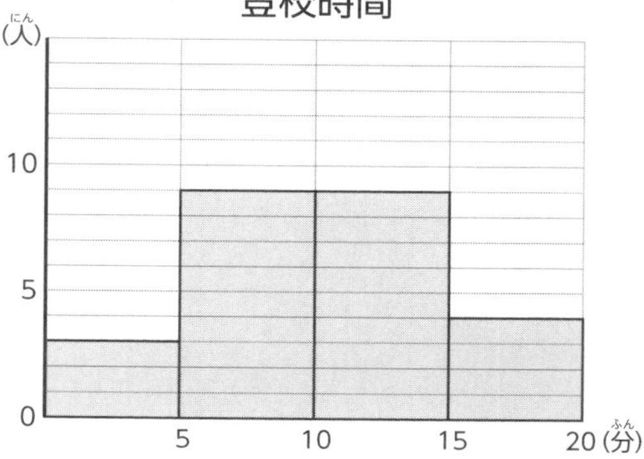

5

次のうち、代表値ではないのはどれ？

㋐ 度数　㋑ 平均値　㋒ 最頻値　㋓ 中央値

★ 188ページのこたえ

❶㋓ ひろとさんが「あたり」を引いたときのゆいさんとだいきさんの引き方は4通りだね。ひろとさんが「はずれ」を引いたときも同じ4通りだね。
❷㋐ 数直線の上にデータをドット(点)で表すと、特ちょうを調べやすくなるよ。

おなやみ相談室②
時間のない小学生にもできる 勉強テクを教えて〜

学校が終わった後も、習い事に行ったり、友だちと遊ぶ約束があったりで、勉強する時間なんか見つからないよ。どうすればいいの〜??

見直そう　キミの時間の　使い方！

学校がある日のスケジュール

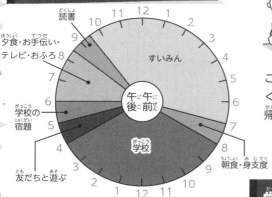

学校へ行く準備はねる前にやって、朝食の後は読書タイムにしよう！

ごはんを食べるとねむくなる人は、学校から帰ったらすぐ宿題！

学校がない日のスケジュール

ゲームの代わりに図書館へ行って、おもしろそうな本を探してみよう！

ただネットを見るのではなく、学校のノートを見返して、わからなかったことを調べてみよう！

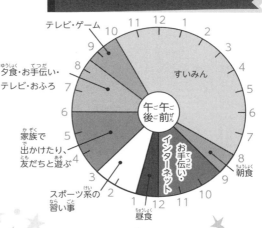

勉強の習慣づくりは「好きなこと」から！

1 興味を持ったら、すぐに調べるクセをつけよう！

もっと知りたいと思ったことは、なるべくその場で調べるクセをつけよう。そうすれば、どんどん知識が増えていくよ。ネットで調べる場合は、複数のサイトを見たり本などで調べたりして、正しい情報なのか、よく確かめてね。

2 好きなものをノートにまとめてみよう！

おもしろかった
マンガ

『ノコギリウーマン』

よんだ時間
→3日間

オススメ度
★★★

好きなものをテーマにした、自分だけの図鑑をつくってみよう。毎日、楽しみながら書いているうちに、自然と大事なことを見ぬいてまとめる力が身につくよ。

3 カンタンな問題から解いていこう！

いきなり難しい問題集にチャレンジしても、やる気が続かないよ。最初は5分～10分程度で解ける、やさしい問題集から始めよう。

× 2時間経過…

○ 解きやすい!!

勉強リストのつくり方

毎日する勉強と、週に数回する勉強を書き出そう！

① 「毎日やるべきだ」と思うことを選ぼう

優先順位をつけて、
それが高い順に
・やること
・勉強量
・かかる時間
を書いてみよう。

毎日やること（例）

やること	勉強量	かかる時間
1 宿題	全部	1時間
2 読書	10ページ	15分
3 計算ドリル	5ページ	15分
4 漢字ドリル	3ページ	15分

勉強する量や時間は、無理のないはんいでOK です！

② 「毎日は必要ないけれど、週に数回は取り組みたい」ことを選ぼう

毎週やること（例）

やること	勉強量	かかる時間
1 英語の CD を聞く	1〜3枚	40分
2 算数の復習	10〜12ページ	15分
3 漢字の練習	5つ	20分
4 教科書の音読	3ページ	5分

・予習や復習が必要なもの
・確実に「できる」に変えたいもの
を書くといいね。

ページ数や時間などを決めておくと、ゴールがイメージしやすいね!!

やり残しや、目標より進んだことなどをふせんにメモして目立つようにはっておけば、自分の得意なことや苦手なことがわかるよ。

生活・社会

生活で学習する身近な生き物や植物についての楽しいクイズがまんさい！ 社会は、くらしを支える水から、歴史まではば広い出題になっているよ。どんどんクイズを解いてみよう。

生活 1年 ウォーミングアップ

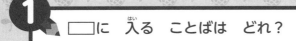

わたしの　せいかつと　しょくぶつ

1

□に　入る　ことばは　どれ？

㋐　たこ

㋑　かに

㋒　いか

見る　たびに
おもい出しちゃう！
じゅるり
ひよこ
ポワワワ〜ン

とう下校の　やくそく

つ い て □ な い

く る ま に [の] ら な い

た す け は [お] お ご え で

[す] ぐ に げ る

[し] ら せ る

2

かみを　きる　ときは　どこで　きると　いい？

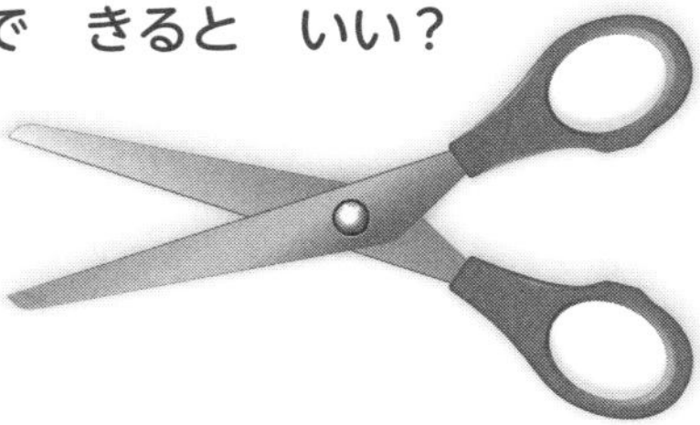

㋐　はの　先

㋑　はの　まん中

㋒　はの　おく

★195ページのこたえ

❸㋑ フウセンカズラは　ふうせんのような　みが　なるよ。

❹㋐ けん玉は　3つの　さらと　けん先、玉から　なるよ。

❺㋑ ㋐と　㋒は　はるの　花だんで　さく　花だね。

3 つぎの しゃしんの たねは なんの たねかな？

　ア　ホウセンカ
　イ　フウセンカズラ
　ウ　ヒマワリ

4 むかしから つたわる あそびを するよ。つぎの がんぐ
の 名まえは なに？

　ア　けん玉
　イ　ビー玉
　ウ　お手玉

生活・社会 1年

5 あきに さく いい においの する つぎの しゃしんの
花の 名まえは？

　ア　ヒアシンス
　イ　キンモクセイ
　ウ　クロッカス

★194ページのこたえ

❶ウ とう下校の やくそくは 「いかの おすし」だよ。

❷ウ かみを きる ときは、 はの おくで、かみを うごかし ながら き
ろう。

しぜんの ようす

❶ アラカシ コナラ マテバシイ。これは なに？

- ㋐ じゅ文
- ㋑ どんぐり
- ㋒ チョウ
- ㋓ とり

アラカシ コナラ
マテバシイ…

❷ 右の 花の 名まえは なに？

- ㋐ チューリップ
- ㋑ コスモス
- ㋒ アサガオ
- ㋓ ヒマワリ

★197ページのこたえ

❸㋑ 虫めがねで たいようを 見ると 目を いためて しまうよ。
❹㋒ スズムシは はねを こすりあわせて なくよ。
❺㋑ さむくなると いきが 白く なるよ。

3 虫めがねを　つかうとき　見ては　いけない　ものは？

ⓐ　はっぱ
ⓘ　たいよう
ⓤ　犬
ⓔ　お父さん

4 あきに　「リーン　リーン」と　なく　虫は？

ⓐ　スズメバチ　　ⓘ　トノサマバッタ
ⓤ　スズムシ　　ⓔ　ミンミンゼミ

5 ふゆの　ようすは　どれ？

ⓐ　イチョウの　はっぱが　黄色く　なる。
ⓘ　いきが　白く　なる。
ⓤ　サクラの　花が　さく。
ⓔ　あつい　日が　つづく。

★**196ページのこたえ**

❶ⓘ　どんぐりは　ブナの　み。いろいろな　かたちが　あるよ。
❷ⓔ　なつに　さく　ヒマワリは　花びらが　いっぱい。まん中には
たくさんの　たねが　できるよ。

生活(せいかつ) 1年(ねん) ウォーミングアップ

まいにちの　せいかつ

1 ともだちに　ぶつかった。　どのように　こえを　かけよう？

㋐　さようなら
㋑　おはよう
㋒　また　きてね
㋓　ごめんなさい

2 たくさんの　本(ほん)が　おいて　あって、本(ほん)を　かりる　ことも　できる　ばしょは　どこ？

㋐　音(おん)がくしつ　　㋑　としょかん
㋒　たいいくかん　　㋓　ほけんしつ

★199ページのこたえ

❸㋒ あつい　日(ひ)は　すずしい　ところで　休(やす)もう。
❹㋑ 早(はや)ねを　して　たっぷり　ねむると　あさも　おきやすいよ。
❺㋒ うがいを　した　水(みず)は　はき出(だ)そう。

3

なつの はれた 日に こうえんで 一休み。 どんな ところで 休もう?

ア　あつい 日なた

イ　すべりだいの 上

ウ　すずしい 日かげ

4

じぶんで おきられるように する ために やると いい ことは?

ア　あいさつ

イ　早ね

ウ　せいりせいとん

エ　しょくじの あとかたづけ

5

うがいで しては いけない ことは?

ア　ガラガラ

イ　ぶくぶく

ウ　ごっくん

★ **198ページのこたえ**

❶エ 人に ぶつかった ときは あやまろう。

❷イ としょかんの 本は みんなの もの。たいせつに あつかおう。

生活 2年 ウォーミングアップ

きせつと　生きもの

1 おたずねものは、だれ？

㋐　スイカ
㋑　カキ
㋒　ミカン

★WANTED★
・夏の　くだもの。
・外国では　「ウォーターメロン」と　よばれて　いる。

2 やごは　大きく　なると　何に　なる？

㋐　セミ
㋑　トンボ
㋒　ホタル

★201ページのこたえ

❸㋑ 春の　七草の　スズナは　カブ、スズシロは　ダイコンを　さすよ。
❹㋑ わたがしのような　どくとくの　形を　しているよ。
❺㋐ 切手は、ゆうびんきょくで　買えるよ。

3

べつめい 「スズナ」と よばれる 春の 七草に ふくまれる 野さいとは？

㋐ ダイコン
㋑ カブ
㋒ ハクサイ

4

つぎの しゃしんは どんな 虫の たまごかな？

㋐ バッタ
㋑ カマキリ
㋒ アゲハ

5

手紙を 出す ときの 切手は 何に よって 金がくが ちがう？

㋐ おもさや 大きさ　㋑ おもさや 色
㋒ 大きさや 色

★200ページのこたえ

❶㋐ カキの しゅんは 秋、ミカンの しゅんは 冬だよ。
❷㋑ ホタルの よう虫は むかし、水ボタルと よばれて いたそうだよ。

しぜんと 生活

1
ダンゴムシは おどろくと どうなる？

- ㋐ とぶ
- ㋑ さけぶ
- ㋒ 丸く なる
- ㋓ ビームを 出す

2
図書かんで 本を さがして くれるのは？

- ㋐ けいさつかん
- ㋑ しょうぼうし
- ㋒ かんごし
- ㋓ し書

★203ページのこたえ

❸㋐ トウモロコシや トマト、キュウリは 夏野さいと よばれるよ。

❹㋐ カマキリは たまごで 冬を こすよ。

❺㋓ ざせきの 近くに ボタンが あるよ。いたずらは だめだよ。

3 秋らしい　食べものは？

㋐　くり　　　㋑　トウモロコシ
㋒　トマト　　㋓　キュウリ

4 冬の　カマキリは　どんな　ようす？

㋐　たまご
㋑　小さい　よう虫
㋒　大きい　せい虫
㋓　土の　中で　ねて　いる

生活・社会 2年

5 バスから　おりる　ことを　うんてん手さんに　知らせるには？

㋐　テレパシーを　おくる。
㋑　手を　上げる。
㋒　大きな　声を　出す。
㋓　ボタンを　おす。

★202ページのこたえ

❶㋒　おだんごみたいに　丸く　なるから　ダンゴムシと　言うよ。
❷㋓　し書は　本の　せい理や　かし出しの　仕事を　しているよ。本の　さがし方も　教えて　くれるよ。

地図記号は召喚するのじゃ！

問題

この地図記号の意味は何？

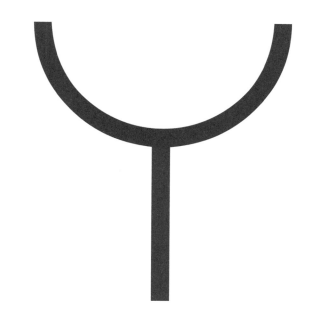

うおおおおおおお
召喚〜ッ！！

ガ

顔こわっ!!

消防しょ

かいせつ

消防しょの地図記号は、江戸時代に火を消す道具として使われていた「さすまた」の形に由来しているよ。

江戸時代は、火事でもえている家のまわりのたて物をさすまたを使ってこわし、火が広がるのをふせいだよ。

頭の中に、さすまたを召喚できたから、消防しょってすぐにわかったんです。
他にも、由来をおぼえたら召喚できるようになりますよ

	元になったもの	地図記号		元になったもの	地図記号
田（水田） いねをかりとった後の切りかぶのようす。		‖	**けいさつしょ** 2本のけいぼうが交わった形。		⊗
畑 たねからめを出した葉のようす。		∨	**消防しょ** 江戸時代の火消し道具「さすまた」の形。		Y
かじゅ園 リンゴやナシなどの実を横から見た形。		○	**市役所** わかりやすい二重丸。外がわは太く、内がわは細い。		◎
広葉じゅ林 広葉じゅを横から見た形。		Q	**小・中学校** 漢字の「文」の形。		文
しん葉じゅ林 しん葉じゅを横から見た形。		∧	**図書館** 本を開いたようす。		📖
茶畑 茶の実を半分に切ったときのだん面。		∴	**はくぶつ館・びじゅつ館** たて物を正面から見たときの形。		血
病院 十字のマークに由来。		⊞	**神社** 神社の鳥居の形。		Ⅱ
老人ホーム たて物とつえの形に由来。		⌂	**寺院** 仏教で使われる「卍」の形。		卍
ゆうびん局 逓信省（ゆうびんなどをあつかっていた役所）の「テ」を丸でかこんで記号化。		〒	**温せん** 温せんがわき出すところと湯気のようす。		♨
			風車 風力発電の風車のようす。		⚡

あれ、じゃ、市役所の地図記号はどうするの？

召喚できないものもあるんだ…

生活・社会 3年

207

社会 3年　チャレンジ

地図のきまり

1 次の地図記号の意味はどれ？

㋐ はくぶつ館
㋑ 図書館
㋒ しろあと

えっ、こんなに
りっぱだっけ!?
ぼくんち
だよね
ドヤッ

2 右の地図記号の意味はどれ？

㋐ 神社　㋑ 寺　㋒ 病院

★209ページのこたえ

❸㋑ ㋐は市役所、㋒はしろあとの地図記号だよ。
❹㋑ ㋐はけいさつしょ　㋒は消防しょの地図記号だよ。
❺㋓ 方位じしんの色のついたはりは北を指すよ。

③ 小・中学校の地図記号はどれ？

 ㋐  ㋑  ㋒

④ 交番の地図記号はどれ？

 ㋐ ㋑  ㋒

⑤ 方位じしんの色のついたはりは、どの方位を指す？

㋐ 東（ひがし）
㋑ 西（にし）
㋒ 南（みなみ）
㋓ 北（きた）

生活・社会 3年

★208ページのこたえ

❶㋐ 図書館の地図記号は 📖、しろあとの地図記号は ⌐⌐ で表すよ。
❷㋐ 寺の地図記号は 卍、病院の地図記号は ⊞ で表すよ。

社会 3年　チャレンジ

学校のまわりのようす／市のようす

1

学校や市役所、公園のようにみんなのためにつくられたたて物や場所を公きょうしせつと言うよ。公きょうしせつにふくまれるものは？

㋐ コンビニエンスストア
㋑ デパート
㋒ 寺
㋓ 図書館

2

右の地いきで、川はどの方角からどの方角に流れてる？

㋐ 西から東　㋑ 東から西
㋒ 北から南　㋓ 南から北

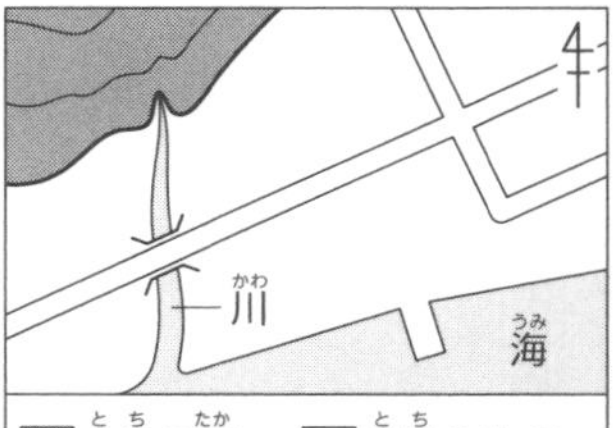

★211ページのこたえ

❸㋓ 水がある平らなところは、田畑をつくりやすいね。
❹㋒ 人が集まるところには、大きなたて物や店が多いよ。
❺㋑ ㋐は消防しょや消防団、㋒は図書館、㋓はけいさつの仕事だよ。

3 田畑はどんなところに多く見られる？

　ア　山が多いところ

　イ　海の近く

　ウ　住たくが多いところ

　エ　川ぞいの平らなところ

農業には水が
ひつようですよね～

4 大きな駅の近くは、どんなようす？

　ア　人がほとんどいない。

　イ　店がまばらにある。

　ウ　大きなたて物や店が多い。

生活・社会 3年

5 市役所は、どんな仕事をしている？

　ア　火事が起きたとき消火する仕事

　イ　市みんのくらしにかかわる仕事

　ウ　本のかし出しにかかわる仕事

　エ　事件が起きたとき調べる仕事

★210ページのこたえ

❶エ　公きょうしせつは、みんなのためにつくられ、みんなが使うよ。おもに国
や県、市などがかん理しているんだ。

❷ウ　水はふつう、土地の高いところからひくいところに流れるよ。

社会 3年　チャレンジ

農家の仕事

1

農家がつくる作物じゃないものは？

㋐ イチゴ
㋑ ダイコン
㋒ だいぶつ
㋓ トマト

2

農家を見学するとき、やってはいけないことは？

㋐ 畑のようすをよくかんさつする。
㋑ 農家の人にしつ問する。
㋒ だまって作物にさわってみる。
㋓ わかったことなどをメモする。

★213ページのこたえ

❸㋐ ミツバチがとび回ると、花に花ふんがついて実がなるよ。
❹㋑ ビニールハウスでしゅうかくする時期を調整できるよ。
❺㋐ 中央卸売市場は、農家の人がつくった野さいを、店の人が買うところだよ。

3

イチゴ農家は、ビニールハウスの中でイチゴの実がなるように、花ふんを運ぶ生き物をはなすことがあるよ。それは何？

[ア] ミツバチ　[イ] ヘビ　[ウ] ようせい

4

イチゴ農家がビニールハウスを使うと、何ができる？

年								次の年				
月	6	7	8	9	10	11	12	1	2	3	4	5
ビニールハウスを使わない											しゅうかく	
ビニールハウスを使う						しゅうかく						

[ア] 夏にしゅうかくできる。
[イ] 冬にしゅうかくできる。
[ウ] ゆめでしゅうかくできる。

5

中央卸売市場ってどんなところ？

[ア] 店の人が野さいを買うところ
[イ] 店の人が野さいを売るところ
[ウ] 農家の人が野さいを買うところ
[エ] 農家の人が野さいをもらうところ

★212ページのこたえ

❶[ウ] 農家の人は、米や野さい、くだものを育てているよ。
❷[ウ] 農家の人にとって作物や畑の土はとても大切なもの。農家の人にさわってもよいかを聞いて、よければさわってみよう。

社会 3年 　チャレンジ

工場の仕事

1 右のグラフで、いちばん多い工場は？

Ⓐ　食べ物や飲み物をつくる工場

Ⓘ　きかいをつくる工場

Ⓤ　金ぞくせい品をつくる工場

Ⓔ　せんいや紙をつくる工場

市で30人以上がはたらいている工場の数

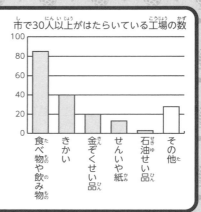

2 次の地図中のおかし工場では、バターはどこから来ている？

Ⓐ　外国からのみ

Ⓘ　国内からのみ

Ⓤ　外国と国内の両方から

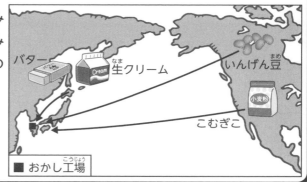

■ おかし工場

★215ページのこたえ

❸Ⓤ 白い作業服を着てよごれを目立つようにして、せいけつさをたもつんだ。

❹Ⓐ ほこりが食べ物に入らないように気をつけているんだ。

❺Ⓘ 工場ではたらく人は、4つの市に住んでいるね。

3 おかし工場ではたらく人が、白い作業服を着るのはなぜ？

- ㋐ おいしいおかしをつくるため
- ㋑ しっとりした食感のおかしをつくるため
- ㋒ 安全なおかしをつくるため
- ㋓ よごれが目立たないようにするため

4 食べ物の工場では、工場に入る前に風が出るきかいの部屋を通ることがあるよ。それはどうして？

- ㋐ ほこりをはらうため
- ㋑ あくまをはらうため
- ㋒ れいをはらうため

生活・社会 3年

5 右の工場ではたらく人はどこに住んでいる？

- ㋐ 工場がある市のみ
- ㋑ 工場がある市や他の市
- ㋒ 工場がない市のみ

はたらく人が住んでいるところ

■ 工場
● 10人
• 5人
---- 市のさかい

★214ページのこたえ

❶㋐ グラフのぼうがいちばん長い工場がいちばん数が多いよ。

❷㋑ バターと生クリームは国内から来ているよ。外国からはいんげん豆とこむぎこが来ているね。

店ではたらく人

1

早朝や夜おそくにも開いていて、生活にひつようなちょっとしたものを買うのにべんりな店は？

- ㋐　コンビニエンスストア
- ㋑　ショッピングセンター
- ㋒　スーパーマーケット

英語で「べんりなお店」って意味だよ～

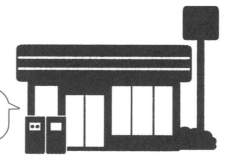

2

コンピューターで売れ具合を調べ、注文する仕事をするのは、次のうちどの人？

- ㋐　事む所ではたらく人
- ㋑　野さいを切る人
- ㋒　そうざいをつくる人
- ㋓　魚をさばく人

★217ページのこたえ

❸㋑　どこでつくった野さいかわかると、安心して買えるね。
❹㋐　売り場の見えやすいところに、かん板をかけているよ。
❺㋑　使い終わったものをリサイクルすれば、ごみをへらせるよ。

学習した日 ／ ／ ／

3 野さい売り場のねふだやだんボールに書いてある地名って、何？

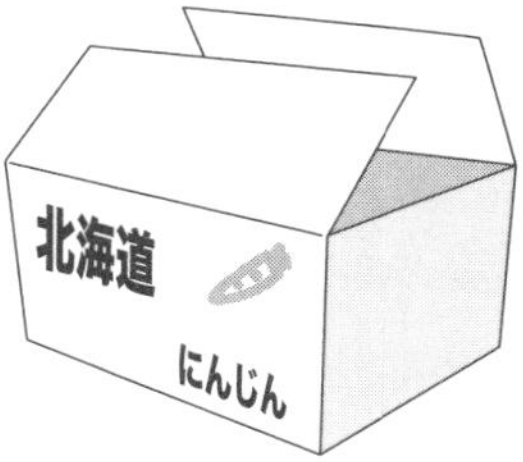
北海道
にんじん

㋐ 野さいを売っているところ
㋑ 野さいをつくったところ
㋒ 野さいを食べるところ

4 右の絵のお客さんのねがいに合う、スーパーマーケットがしているくふうはどれ？

売り場のどこに何があるか、わかるようにしてほしいな～

㋐ 品物の場所をしめすかん板
㋑ 広いちゅう車場
㋒ とく売を知らせる広こくのちらし

5 スーパーマーケットにリサイクルコーナーがあるのはなぜ？

㋐ 地いきの人が安心してお店を使うため
㋑ ごみをへらすため
㋒ 商品のしゅるいをふやすため
㋓ はたらく人をふやすため

★216ページのこたえ

❶㋐ コンビニエンスストアは、24時間開いているところも多いよ。いつでも買い物ができてとてもべんりだよ。
❷㋐ 事む所のコンピューターで売れ具合を調べて注文するよ。

社会 3年 チャレンジ

火事からくらしを守る

1

消防士の仕事で**ないもの**はどれ？

㋐ にげおくれた人の救助
㋑ 火事の火を消す
㋒ ガスを止める

2

119番に電話をかけると、つながるのはどこ？

㋐ 消防団
㋑ 消防本部の通信指令室
㋒ けいさつしょ

★219ページのこたえ

❸㋐ 火災ほうちしせつは、けむりやねつに反のうして、ベルなどで火事を知らせるせつびだよ。
❹㋑ 消防団は、地いきの人がさんかしているよ。
❺㋓ 消防しょで24時間はたらいているのは消防士だよ。

3 次のうち、火事が起きたことを知らせるしせつはどれ？

ア　火災ほうちしせつ　　イ　防火とびら
ウ　消火せん　　エ　防火水そう

4 ふだんはべつの仕事をしているけれど、火事のときげん場にかけつけるのは？

ア　消防しょの消防士
イ　消防団の団員
ウ　消防本部の通信指令室の人

生活・社会　3年

5 消防団の人たちが・し・な・いことは？

ア　火事のときの消火や救助
イ　防火のよびかけ
ウ　消防しせつの見回り
エ　消防しょで24時間はたらく

★**218ページのこたえ**

❶ウ　ガスを止めるのはガス会社の人の仕事だよ。ガスを止めて、引火するのをふせぐんだ。
❷イ　通信指令室の人は、消防しょやけいさつしょ、病院、ガス会社などさまざまなところにれんらくするよ。

事故や事件のないまちを目指して

1

右の乗り物って何？

ⓐ　消防自動車

ⓘ　パトロールカー

ⓤ　白バイ

2

けいさつかんが、交番でしている仕事は？

ⓐ　パトロール

ⓘ　落とし物の相談を受ける

ⓤ　交通ルールを守らない人の取りしまり

★221ページのこたえ

❸ⓐ　110番の電話は、けいさつ本部の通信指令室につながるよ。

❹ⓘ　「こども110番の家」は、地いきの人とけいさつがまちの安全を守る取り組みの一つだよ。

❺ⓔ　地図には、ひつようなことだけ書いたほうが見やすいよ。

3 事故だ！　何番に通報する？

[ア] 110番
[イ] 117番
[ウ] 119番

4 「こども110番の家」のステッカーがある店は、どんな店？

[ア] いつも、けいさつかんがいる店
[イ] 子どもが助けをもとめられる店
[ウ] けいさつかんごっこができる店
[エ] 110番の電話がつながる店

5 安全マップ（防犯マップ）にかかなくていいことは？

[ア] 暗くて人通りの少ない道路
[イ] 大きな道路
[ウ] 交番
[エ] まちのすべての家

★220ページのこたえ

❶[イ] けいさつかんが使う車だよ。
❷[イ] 交番では地いきの人の相談にのっているよ。[ア]のパトロールはまちの見回りのこと。交番をはなれて、地いきを見て回るよ。

くらしのうつりかわり

1 2019年5月1日からの「元号」は？

ア 明治
イ 昭和
ウ 平成
エ 令和

2 次の中でいちばん古い元号は？

ア 昭和
イ 明治
ウ 大正

★223ページのこたえ

❸イ 合ぺいして市や町、村などが一つにまとまることで、その市の人口や土地が一気にふえることがあるよ。

❹イ たらいとせんたく板だよ。板のみぞにこすりつけてあらっていたよ。

❺エ かまどの上に、なべやかまをおいて食事をつくっていたよ。

学習した日 ／ ／ ／

3

住んでいる市の人口が、ある日起きたら2倍になっていた！どうしてかな？

㋐ 赤ちゃんが生まれた。
㋑ まわりのまちや村といっしょになった。
㋒ まわりのまちや村にひっこす人がふえた。
㋓ 外国人がひっこしてきた。

4

右の写真の道具は、何をするための道具？

㋐ そうじ
㋑ せんたく
㋒ 食事の用意
㋓ 食べ物のほぞん

5

食事をつくるとき、まきをくべて自分で火をおこして使う道具は、次のうちどれ？

㋐ IH電気台　㋑ ガステーブル
㋒ ガスコンロ　㋓ かまど

★222ページのこたえ

❶㋓ 日本の最古の歌集「万葉集」に由来する元号だよ。
❷㋑ 明治→大正→昭和のじゅんなんだ。

森林って すごいってばよ！

森林は雨水をたくわえて、少しずつ川に水を流す働きがあることから（　　）のダムとよばれているよ。
（　　）に入る言葉は何？

雨の水が
ゆっくり
しみこむ

森林の土はフカフカ
やわらかいから、
雨水がゆっくり
しみこんでいく

そして、
たくわえた水をゆっくり
川に流しているんです
まるでダムのように！

森林と一体化
してるー！？

こたえ

緑（みどり）

かい説（せつ）

　雨（あめ）がふると、森林（しんりん）のないところでは、下（した）の図（ず）のように雨水（あまみず）が地面（じめん）の土（つち）といっしょにそのまま流（なが）れてしまうけれど、森林（しんりん）にふった雨（あめ）は、土（ど）じょうに一度（いちど）たくわえられ、地下水（ちかすい）となってしみ出（だ）し、川（かわ）に流（なが）れ出（で）てるんだ。このような働（はたら）きから森林（しんりん）は「緑（みどり）のダム」と言（い）われているよ。

　また、山（やま）に積（つ）もる雪（ゆき）は「白（しろ）いダム」と言（い）われるよ。春（はる）まで、ふもとの人々（ひとびと）の生活（せいかつ）や農業（のうぎょう）などに必要（ひつよう）な量（りょう）の水（みず）をたくわえる役（やく）わりをしているからなんだ。

森林（しんりん）のあるところ

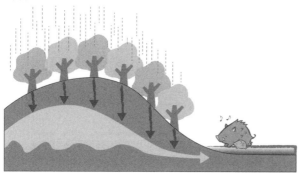

森林（しんりん）のないところ

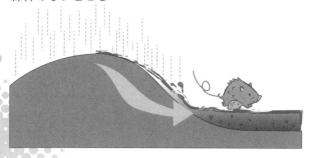

森林は水をたくわえるだけじゃないんです！ こう水や土しゃくずれをふせぐ働きをしています‼

へぇ～そうなんだ。それって人工のダムと同じじゃないの⁇

地球温暖化をふせぐ

水をたくわえる

自然災害をふせぐ

動物のすみかを守る

生活の場所を守る

安らぎの場所になる

むむっ！ 上の絵を見てください。動物のすみかにもなるし、地球温暖化をふせぐ働きもしている。わたしたちは、森林に助けられているんです

社会 4年 チャレンジ

県のようす

1 実際にある県はどれ？

㋐ 「目」の漢字が入った県
㋑ 「手」の漢字が入った県
㋒ 「足」の漢字が入った県

2 琵琶湖がある県はどこ？

㋐ 愛知県
㋑ 宮崎県
㋒ 滋賀県
㋓ 沖縄県

★229ページのこたえ

❸㋓ 1都1道2府43県で、47都道府県があるよ。
❹㋒ 長野県は中部地方にあるよ。
❺㋑ ㋐は島根県、㋒は群馬県、㋓は山梨県の県庁所在地だよ。

学習した日 ／ ／ ／

3

都道府県のうち、県の数はいくつある？

㋐ 12　㋑ 25
㋒ 31　㋓ 43

4

都道府県の中でもっとも多くの県にせっしている長野県。いくつの県とせっしてる？

㋐ 3　㋑ 5
㋒ 8　㋓ 10

5

香川県の県庁所在地は？

㋐ 松江市
㋑ 高松市
㋒ 前橋市
㋓ 甲府市

都道府県名と県庁所在地名が
ことなるところは要チェーック‼

★228ページのこたえ

❶㋑「手」の漢字が入った県は、岩手県だよ。
❷㋒ 琵琶湖は日本でいちばん大きな湖なんだ。

くらしと水

1

次のうち「きれいで安全な水をつくる工場」の役目があるのはどれ？

- ㋐　取水口（しゅすいこう）
- ㋑　水道管（すいどうかん）
- ㋒　下水しょり場（げすい）
- ㋓　じょう水場（すいじょう）

2

ダムからの水の流れ。右の1〜3に入る順番が正しいのはどれ？

- ㋐　じょう水場（すいじょう）→取水口（しゅすいこう）→水道管（すいどうかん）
- ㋑　取水口（しゅすいこう）→じょう水場（すいじょう）→水道管（すいどうかん）
- ㋒　水道管（すいどうかん）→じょう水場（すいじょう）→取水口（しゅすいこう）

【ダムからの水の流れ】

ダム → 1 → 2 → 3 → 学校や家（がっこう・いえ）→ 下水しょり場（げすい・じょう）

★231ページのこたえ

❸㋑　よごれを取りのぞいた水は、川に流されて、海へ行くよ。
❹㋐　ダムは、川の下流に流す水の量の調整もしているよ。
❺㋒　森林には水をたくわえる働きがあるんだ。

3

下水しょり場を通って、水はどこへ行く？

㋐ 森林
㋑ 海
㋒ ダム

4

ダムはどんなところにつくられる？

㋐ 川の上流
㋑ 海の中
㋒ じょう水場の中

5

「緑のダム」って、何のこと？

㋐ 海
㋑ 畑
㋒ 森林

★230ページのこたえ

❶㋓ ㋐は水を引き入れるところ、㋑はきれいな水を運ぶ管、㋒はよごれた水をきれいにする役目があるよ。
❷㋑ 取水口で水を引き入れて、じょう水場できれいにして、水道管で水を送るよ。

くらしとごみ①

1 ごみの分別って何をすること？

[ア] 決まった曜日にパッカー車がごみを集めること
[イ] ごみを種類ごとに分けて出すこと
[ウ] 生ごみの水をよく切ること

2 次のうちペットボトルにつけられているマークはどれ？

[ア]

[イ]

[ウ]

★233ページのこたえ

❸[ア] もえやすいよう、生ごみは水分をよく切って出そう。
❹[ア] ごみによって、もやしたり、リサイクルしたりするよ。
❺[ウ] せいそう工場では、ごみをもやしたときに出る熱を利用して電気がつくられることもあるよ。

3

生ごみやティッシュは、せいそう工場でどうしょりされる？

㋐ もやす　㋑ 細かくする
㋒ 地面にうめる　㋓ 海に流す

4

ごみによって□がちがうから、きちんと分別することが大切。□に入るのは？

㋐ しょりの方法　㋑ 重さ
㋒ におい　㋓ 形

5

せいそう工場の近くには、ごみをもやしたときに出る□を利用したプールなどのしせつがつくられることもある。□に入るのは？

㋐ 水
㋑ はい
㋒ 熱

★232ページのこたえ

❶㋑ ごみを分別することで、しょりしやすくなるよ。
❷㋒ 分別するときにわかりやすいよう、しげんとなるものにはリサイクルマークがつけられているよ。

社会 4年　チャレンジ

くらしとごみ②

1

3R にふくまれないのは？

㋐ リデュース
㋑ リユース
㋒ リサイクル
㋓ リサイタル

2

集められた後、ペレットという原料にされて、服などにリサイクルされるのは、どれ？

㋐ びん　　㋑ かん
㋒ ペットボトル　　㋓ そ大ごみ

★235ページのこたえ

❸㋐ せいそう工場で出たはいは、しょぶん場に運ばれているよ。
❹㋐ リデュースはごみを出さないこと、リユースはくり返し使うこと、リサイクルはつくり直したり、原料にもどしたりして、ふたたび使うことだよ。
❺㋓ ㋐と㋒はリデュース、㋑はリユースの取り組みだよ。

❸

しょぶん場は、ごみをもやした後に残るはいやもやせないごみなどをすてるところだよ。しょぶん場を新しくつくる必要が出てくるのは、なぜ？

㋐　いっぱいになるから

㋑　新しいほうが使いやすいから

㋒　ごみがへっているから

㋓　リサイクルをするのに必要だから

❹

むだな買い物をしないなど、ごみになるものをへらすことを何と言う？

㋐　リデュース　　㋑　リユース　　㋒　リサイクル

❺

リサイクルに役立つ行動は？

㋐　買い物でエコバッグを使う。

㋑　フリーマーケットでいらなくなったものを売る。

㋒　コピー用紙は両面を使う。

㋓　古い新聞紙をしげんの回しゅう日に出す。

生活・社会 4年

★234ページのこたえ

❶㋓　リサイタルは一人で歌うこと。3Rはリデュース(Reduce)、リユース(Reuse)、リサイクル(Recycle)の頭文字をとった言葉だよ。

❷㋒　ペットボトルは、石油からできたプラスチックだよ。

くらしと自然災害

1

公園のブランコ。災害のとき何に変身する？

- ㋐　ベンチ
- ㋑　コンロ
- ㋒　テント
- ㋓　ベッド

何に形が
にてるかな？

2

地震の後、陸地に一気におしよせる波のことを何と言う？

- ㋐　こう水
- ㋑　高しお
- ㋒　土石流
- ㋓　津波

★237ページのこたえ

❸㋒　災害で電話がつながりにくいとき、伝言を残せるよ。

❹㋑　ハザードマップでひなんする道順などをかくにんしておこう。

❺㋑　公助は国や地方公共団体、市町村による助けやそなえ。㋐と㋒は自助だよ。

3 災害用伝言ダイヤルの電話番号は？

ⓐ 110
ⓘ 119
ⓤ 171

4 災害によるひがいが予想される地いきやひなん場所のじょうほうなどをのせた地図を何と言う？

ⓐ 防犯マップ　　ⓘ ハザードマップ
ⓤ 路線図　　　　ⓔ 地形図

生活・社会 4年

5 自助、共助、公助のうち、公助にあてはまるものは？

ⓐ ひなんリュックをじゅんびする。
ⓘ 市が市民の防災ひなん行動計画を作成する。
ⓤ 地震が起きたときテーブルの下にもぐる。

★236ページのこたえ

❶ⓤ 災害にそなえて、テントになるブランコや、コンロになるベンチなどが置かれた公園があるよ。

❷ⓔ ⓐとⓤはごう雨のとき、ⓘは台風のときに起こりやすいよ。

237

きょう土の伝統と先人

1

地いきで大切に伝えられてきた建物やおどりなどのことを □ざいとよぶ。□に入る言葉は？

- ㋐ 消費
- ㋑ 文化
- ㋒ ごらく
- ㋓ 伝統

ヤッショ マカショ

ヤットサー ア ヤット ヤット

2

きょう土芸のうにあてはまらないのは？

- ㋐ おどり
- ㋑ 歌
- ㋒ 寺

★239ページのこたえ

❸㋑ ほぞん会などで、地いきの文化を受けついでいくための取り組みが行われているよ。

❹㋐ 台地は、下を流れる川の水が得にくいんだ。

❺㋒ ボランティアはせいそう活動など、さまざまな活動をするよ。

3 きょう土芸のうを子どもに教える理由は？

ア きょう土芸のうを別のお祭りに変えてほしいから
イ わかい人に受けついでほしいから
ウ 大人はきょう土芸のうにきょうみがないから
エ 子どもにきょう土芸のうをまかせて大人は遊びたいから

4 熊本県にある通潤橋は台地に水を送る役わりをしているよ。通潤橋ができて、地いきの生活はどうなった？

ア 飲み水や田畑の水に
こまらなくなった。

イ すべての子どもが学校に
通えるようになった。

ウ インターネットが
使えるようになった。

生活・社会 4年

5 地いきや社会をよりよくするために、活動する人たちを何と言う？

ア ボランチ   イ フォワード
ウ ボランティア

★**238ページのこたえ**

❶イ 建物など形のあるものは有形文化ざい、おどりなど形のないものは無形文化ざいとよばれるよ。
❷ウ 芸のうとは、音楽やおどり、えんげきのことだよ。

社会 4年 チャレンジ

特色ある地いき

1

「箱根細工」はどこの伝統的工芸品？

- ㋐ 愛知県
- ㋑ 岡山県
- ㋒ 福岡県
- ㋓ 神奈川県

箱根といったら…

2

伝統的なぎじゅつによるものづくりは、□□で行われる。
□□にあてはまる言葉は？

- ㋐ ロボット
- ㋑ コンピューター
- ㋒ 人の手

★241ページのこたえ

❸㋓ アメリカ国旗には、13本の横しまと、50この星がえがかれているよ。

❹㋐ 日本三景は300年以上前の江戸時代に選ばれたと言われているよ。

❺㋑ 伝統的なまちなみをこわさないようにくふうしているよ。

240

3
宮城県仙台市は、右の国旗の国の都市と国際交流をしているよ。どこの国？

ア 中国　　イ フランス
ウ 韓国　　エ アメリカ

4
「日本三景」に入らないものは？

ア 栃木県の日光
イ 宮城県の松島
ウ 京都府の天橋立
エ 広島県の宮島

生活・社会 4年

5
伝統的なまちなみが残る地いきでは、自動はん売機やゆうびん局などをもうけるとき、どんなことに気をつけている？

ア 遠くからでも目立つこと
イ まわりのまちなみに合うこと
ウ 全国どこでも同じ色であること

★240ページのこたえ
❶エ 伝統的工芸品には、地いきの名前がついているものも多いよ。地いきの昔の名前が使われているものもあるんだ。
❷ウ 職人さんたちが一つひとつていねいにつくっているよ。

世界の自然と日本の国土

1 地球の海と陸のわり合で正しいのはどれ？

- ㋐ 海：約30%　陸：約70%
- ㋑ 海：約50%　陸：約50%
- ㋒ 海：約70%　陸：約30%

2 三大洋とよばれる太平洋・大西洋・インド洋のうちもっとも大きい海洋は？

- ㋐ 太平洋
- ㋑ 大西洋
- ㋒ インド洋

★243ページのこたえ

❸㋑ 日本はユーラシア大陸の東側で、太平洋の西側に位置するよ。

❹㋑ ㋐と㋑は東京都、㋒は沖縄県、㋓は北海道の島だよ。

❺㋒ ㋒に保管されたもみは、必要になったらもみすりして出荷されるよ。

3

次の文の□にあてはまる大陸名はどれ？
・日本は□大陸の東側に位置する。

㋐ オーストラリア　㋑ ユーラシア
㋒ 北アメリカ　㋓ 南アメリカ

4

日本の南のはしに位置する島は？

㋐ 南鳥島　㋑ 沖ノ鳥島
㋒ 与那国島　㋓ 択捉島

5

稲かりした後のもみを保管する右の写真のしせつの名前は？

㋐ カントリーエスカレーター
㋑ カントリーキャッスル
㋒ カントリーエレベーター

★242ページのこたえ

❶㋒ 地球の表面積は、陸よりも海のほうが広いんだ。
❷㋐ 海洋は、大きい順に太平洋、大西洋、インド洋だよ。

農業・漁業／工業

1

日本でもっとも多く米を生産している地方はどこ？

ア 東北地方
イ 四国地方
ウ 関東地方
エ 中部地方

こんもり

2

米をしゅうかくするときに使う、右の写真の機械は何？

ア カントリーエレベーター
イ コンバイン
ウ ヘリコプター
エ JA

★245ページのこたえ

❸**イ** 養しょく業とは、最後までいけすで育てる漁業のことだよ。
❹**ウ** 電子レンジは、自動車などと同じ機械工業の製品だよ。
❺**エ** 愛知県は日本の自動車生産額の約40％をしめているよ。（2019年）

3

魚や貝のたまごを人の手でかえし、海や川に放流して大きくなったらとる漁業を何と言う？

㋐ 遠洋漁業
㋑ さいばい漁業
㋒ 沖合漁業
㋓ 養しょく業

4

化学工業の製品でないものは？

㋐ タイヤ
㋑ 薬
㋒ 電子レンジ
㋓ 光ディスク

5

日本で自動車生産額がもっとも多い県は？

㋐ 群馬県
㋑ 神奈川県
㋒ 静岡県
㋓ 愛知県

★244ページのこたえ

❶㋐ 都道府県別では新潟県、北海道、秋田県で米の生産量が多いよ。
❷㋑ 稲かりを機械で行うと、手でかるより作業時間が短くなるよ。カントリーエレベーターはしゅうかくした米を保管するところだよ。

社会 5年　ステップアップ

情報／くらしと環境

1

次のうち、映像と音声で情報を伝えるメディアは？

㋐ 新聞
㋑ ざっし
㋒ ラジオ
㋓ テレビ

2

選挙の候補者がテレビやラジオで意見をうったえることを何と言う？

㋐ コマーシャル
㋑ 政見放送
㋒ 報道ひ害

★247ページのこたえ

❸㋑ ㋐は農業協同組合、㋒は情報通信技術の略だよ。
❹㋒ 自然のままの天然林と、人が手を加えた人工林があるよ。
❺㋐ 水俣病は、化学工場のはい水にふくまれた有機水銀が原因で発生したよ。

3

じんこうちのうりゃく
人工知能の略は？

ⓐ J A（ジェイエー）
ⓘ AI（エーアイ）
ⓤ ICT（アイシーティー）

人工知能は英語で「アーティフィシャル インテリジェンス」と言うんですよ

4

にほんこくどしんりんあい
日本の国土にしめる森林のわり合は？

ⓐ 2分の1
ⓘ 3分の1
ⓤ 3分の2
ⓔ 4分の3

生活・社会 5年

5

くまもとけんかごしまけんやつしろかいがんちこうがいびょう
熊本県や鹿児島県の八代海えん岸地いきで発生した公害病は？

ⓐ 水俣病（みなまたびょう）
ⓘ イタイイタイ病（びょう）
ⓤ 四日市ぜんそく（よっかいち）
ⓔ 新潟水俣病（にいがたみなまたびょう）

★246ページのこたえ

❶ⓔ ⓐ・ⓘはおもに文字で、ⓤは音声で情報を伝えるメディアだよ。
❷ⓘ 政見放送は、公職選挙法で許可されている選挙運動だよ。

社会 6年 ステップアップ

政治の働き

1

日本国憲法は□主権を原則としている。□に入る言葉は？

㋐ 天皇
㋑ 内閣
㋒ 国民
㋓ 平和

2

日本で、法律を定めるのは？

㋐ 内閣
㋑ 裁判所
㋒ 国会

★249ページのこたえ

❸㋑ 2016年6月に施行された改正公職選挙法によって、18才から選挙で投票できるようになったよ。それまでは、投票できるのは20才からだったよ。
❹㋓ 国際連合には、世界の190以上の国が参加しているよ。
❺㋐ 持続可能な社会とは、豊かな生活と環境が両立できる社会のことだよ。

3 日本で、選挙で投票する権利があるのは？

ⓐ 15才以上の男女　　ⓘ 18才以上の男女
ⓒ 20才以上の男女　　ⓔ 25才以上の男女

4 1945年に発足した、世界の平和と安全を守るための組織を何と言う？

ⓐ 政府開発援助　　ⓘ ユニセフ
ⓒ 国際連盟　　ⓔ 国際連合

生活・社会 6年

5 SDGs は「□開発目標」のことで、だれもが豊かな生活を送れる□社会の実現を目指している。□に共通して入る言葉は？

ⓐ 持続可能な　　ⓘ 多文化のための
ⓒ 平和維持のための　　ⓔ 急速な

★ **248ページのこたえ**

❶ⓒ 主権とは、国の政治のあり方を最終的に決める権利のこと。日本国憲法の基本原則は、国民主権、基本的人権の尊重、平和主義の3つだよ。
❷ⓒ 国会だけが法律を定めることができるよ。

社会 6年　ステップアップ

日本の歴史①

1

古墳って、何？

- ㋐ いのりのための人形
- ㋑ 王の住居
- ㋒ ごみ捨て場
- ㋓ 王や豪族の墓

ドアの
かぎ穴みたい

2

聖徳太子は、どのような国づくりを目指した？

- ㋐ 大仏中心
- ㋑ 天皇中心
- ㋒ 貴族中心
- ㋓ 武士中心

★251ページのこたえ

❸㋓ 漢字からできたかな文字を使って書かれているよ。

❹㋐ 元はモンゴルがつくった国。元軍は2回、九州北部にせめてきたよ。

❺㋒ 銀閣は京都の東山にあるよ。㋓の金閣は3代将軍の足利義満が建てたよ。

3 平安時代に「源氏物語」を書いたのは？

㋐ 紀貫之
㋑ 小野妹子
㋒ 清少納言
㋓ 紫式部

4 鎌倉幕府が開かれて80年ほど経ったとき、九州北部にせめてきた国は？

㋐ 元
㋑ 唐
㋒ 隋
㋓ 明

5 室町幕府の8代将軍、足利義政が建てたのは？

㋐ 東大寺
㋑ 法隆寺
㋒ 銀閣
㋓ 金閣

★250ページのこたえ

①㋓ 古墳がつくられた３～７世紀ごろを古墳時代と言うよ。
②㋑ 聖徳太子は、冠位十二階や十七条の憲法を定めた人物だよ。

日本の歴史②

1

フランシスコ・ザビエルが日本で広めたものは？

ア　鉄砲
イ　仏教
ウ　キリスト教
エ　能

2

江戸幕府を開いた人は？

ア　源頼朝
イ　織田信長
ウ　豊臣秀吉
エ　徳川家康

★253ページのこたえ

❸ウ　ドイツの憲法は皇帝の権力が強い憲法だったよ。
❹ア　伊藤博文は、大日本帝国憲法の草案をつくった人物だよ。
❺イ　高度経済成長のころだよ。日本の復興を世界に示したよ。

3

大日本帝国憲法の草案をつくるとき、参考にした国は？

㋐ 中国　　㋑ イタリア
㋒ ドイツ　　㋓ ロシア

4

1885年に初代内閣総理大臣に任じられたのは？

㋐ 伊藤博文
㋑ 板垣退助
㋒ 大隈重信
㋓ 福沢諭吉

5

アジア初のオリンピックが東京で開かれたのは何年？

㋐ 1925年
㋑ 1964年
㋒ 1998年
㋓ 2020年

東京は、これまで2回のオリンピックが開かれていますよ

★252ページのこたえ

❶㋒ 鉄砲が伝わった数年後にキリスト教が伝わったよ。戦国大名の中には、キリスト教を信じる人もいたよ。
❷㋓ 江戸幕府は約260年も続いたよ。

テンションが上がる おもしろ勉強法を教えて〜①

教科書も問題集も、まじめなことばかり書いてあって、つまらないよ。これなら好きになれそう‼ って思えるような勉強法って、ないのかなぁ??

勉強のやり方を教科ごとにくふうしよう!

国語 📖 文章を音読して、イメージをふくらませよう!

それは、とても大きな木です。

文章を声に出して読み上げると、想像力がアップするよ!文章の切れ目や文の流れなどが頭に入りやすくなって、読み飛ばしも減らせるんだ。声優になったつもりで音読し、内容を正しくとらえよう。

算数 📐 速くて正確な計算力を身につけよう!

ストップウォッチを使って、問題を解くスピードをはかってみよう。何度も同じ問題を解いて結果を記録しておくと、計算のスピードが上がっているかどうかがわかるよ。目指せ、計算名人!

新記録
09:50
うおおおおおー!

わからなかったり、まちがえたりした問題は、解き方をチェックするのがベストです!

理科 いろいろなものを、じっくり観察しよう！

身のまわりの生き物や植物など、気になるものを観察してメモしてみよう。見つけた場所や時間、形や色・大きさなど、気づいたことを書き留めてね。イラスト入りだとわかりやすいし、絵もうまくなるよ！

社会 世の中で起きていることに注目しよう！

まずは自分が住んでいる場所について調べよう。自分がいる都道府県はどんなところ？　特産品は何かな？
　ニュース番組などで気になったことを調べてみたら、世の中のしくみが見えてくるよ。

千葉県のナシ！

英語 身近なところにある英単語に注目！

Ｔシャツのプリントやメッセージカード、曲の歌詞など、キミのまわりには、いろいろな英単語があふれているんだ。見つけた英単語の意味を調べてみると、どんどん頭に入ってくるよ！　オリジナルの英単語帳をつくっちゃおう！

身のまわりで見つけた「英単語」「意味」を単語帳にまとめてみよう

★オリジナル英単語帳のつくり方★

表（英単語）	うら（意味）
happy	1 うれしい 2 幸せな 3 おめでとう
birthday	誕生日
sports	運動競技

勉強中のピンチをレスキュー！

✏️ マンガやゲームがユウワクしてくる！

勉強をがんばった自分への「ごほうびボックス」をつくって、ゲームやマンガなどをしまっておこう。勉強するときは、それを部屋の外に出すなどして、集中できる環境をつくってね。早く勉強を終わらせれば、その分だけ自由に使える時間が増えるよ！

✏️ ねむくてねむくて……どうすればいいの!?

ねむさレベル ●

勉強を別の教科に変える

ずっと同じ教科を勉強していると、単調になってねむくなるよ。別の教科をやって気分を変えよう。

ねむさレベル ● ●

軽く体を動かす

ずっと頭を使っていると、脳が酸素不足になってねむくなるよ。顔を洗ったりトイレに行ったりして、少し体を動かそう。

ねむさレベル ● ● ●

10〜20分ほど休もう

ねすぎないようにタイマーをかけて、10〜20分ほど仮みんをとろう。熟睡しないように、部屋は明るいままにしておいてね。

それでもねむいときは、どうする??

どうしてもねむけがとれないときは、早めにねてしまおう！翌日に1時間早く起きて勉強するのもイイね！

理科

身近な自然について観察したこと、実験したことを思い出しながら解いてみよう。

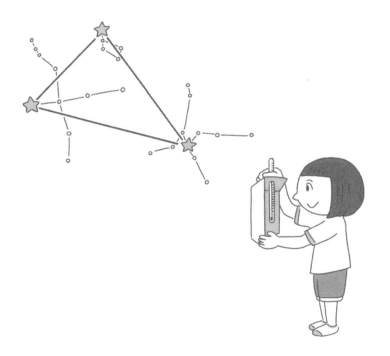

理科 3年 オモシロ問題

それはこん虫では ありません！

モンシロチョウのあしは、次のどこについている？

ア 頭　　イ むね　　ウ はら

理科
3年

こたえ

イ むね

こん虫の体のつくりはきょう通しているよ。せい虫の体は頭・むね・はらに分かれていて、6本のあしがむねについているんだ。クモやダンゴムシはこん虫の体のつくりにあてはまらないから、こん虫ではないんだ。

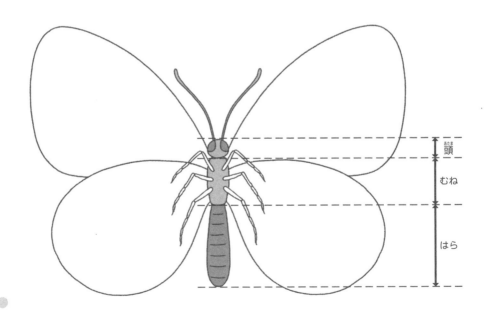

クモがこん虫じゃないって、ほんとに〜？
ダンゴムシだって名前にムシってつくし、こん虫じゃないの??

下の図を見たら、左ページのこん虫とのちがいがはっきりわかるでしょう

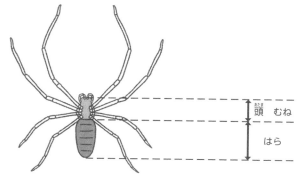

頭 むね
はら

体が2つに分かれていて、あしが8本。

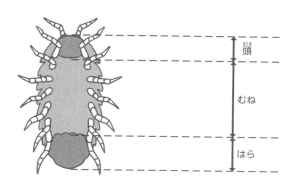

頭
むね
はら

体は3つに分かれているが、あしが14本。

ちなみにクモやダンゴムシは、こん虫と同じ節足動物のなかまです。カニやエビも節足動物なんですよ

理科

3年

261

理科 3年 チャレンジ

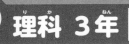

生き物のかんさつ

1 外国から日本にやってきたタンポポは、どっち？

[ア]

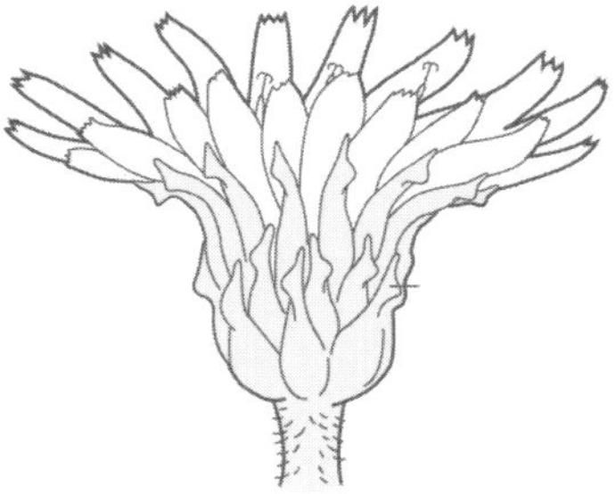

[イ]

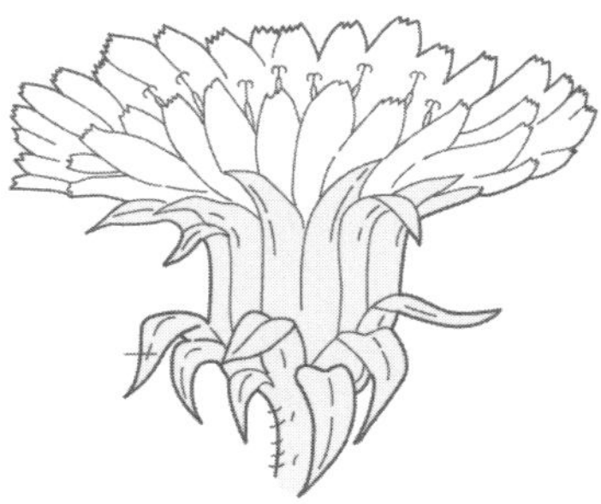

2 ノゲシとセイヨウタンポポで、ちがうのはどこ？

[ア] せの高さ
[イ] 花がさくきせつ
[ウ] 花の色

★263ページのこたえ

[3][イ] モンシロチョウのはねの数は、全部で４まいだよ。
[4][ア] えんしょうをおこすので、ぜったいにさわったらダメだよ。
[5][ア] 虫めがねは、目の近くに持って使おう。

3

モンシロチョウを見つけたよ。
はねの数は何まい？

モンシロチョウ

ア 2まい

イ 4まい

ウ 6まい

4

とげやどくがあるので、さわってはいけないのは？

ア イラクサ イ シロツメクサ

ウ ダンゴムシ エ アリ

5

動かせないものを見るときの虫めがねの使い方について、正しいのはどっち？

ア 虫めがねを目の近くに持ち、ものに近づいたりはなれたりしてはっきり見えるところをさがして、止まる。

イ 虫めがねを目からはなして持ったまま、ものに近づいたりはなれたりしてはっきり見えるところをさがして、止まる。

理科
3年

★262ページのこたえ

❶イ イは外国から日本にやってきたセイヨウタンポポで、花のつけ根のところがそり返っているよ。アは昔から日本にあったタンポポだよ。

❷ア 春に黄色の花がさくのは同じだけど、ノゲシは、セイヨウタンポポよりせが高いよ。

理科 3年 チャレンジ

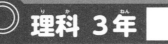

植物のつくりと育ち方

1

ヒマワリのたねはどれ？

㋐

㋑

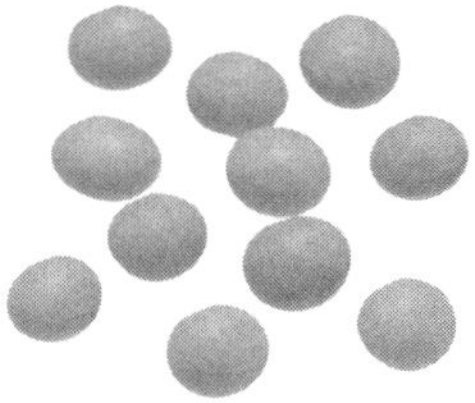

㋒

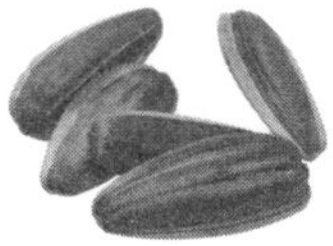

2

ダイズのたねは、どのようにまく？

㋐ 20cm ぐらいはなして、1つぶずつまく。
㋑ 20cm ぐらいはなして、2つぶずつまく。
㋒ 50cm ぐらいはなして、1つぶずつまく。
㋓ 50cm ぐらいはなして、2つぶずつまく。

★265ページのこたえ

❸㋑ 子葉は、さいしょに出る葉のことだよ。
❹㋑ 地面からまっすぐにのびているのがくきだよ。葉はくきについていて、根はえだ分かれして土の中に広がっているよ。
❺㋐ サツマイモ、ゴボウは「根」の部分を食べているよ。

学習した日 ／ ／ ／

3

右の写真はヒマワリの子葉の写真だよ。
子葉は何まいある？

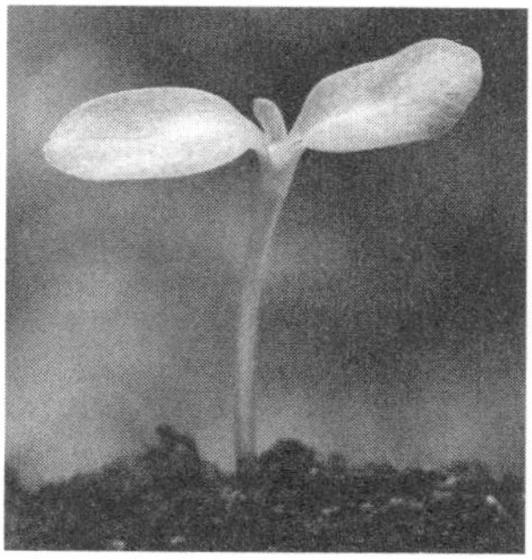

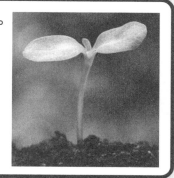

[ア] 1まい
[イ] 2まい
[ウ] 3まい

4

ホウセンカのつくりで、くきの部分はどれ？

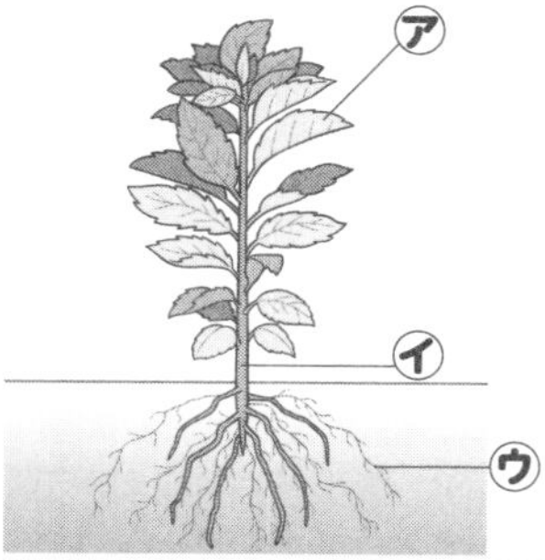
[ア]
[イ]
[ウ]

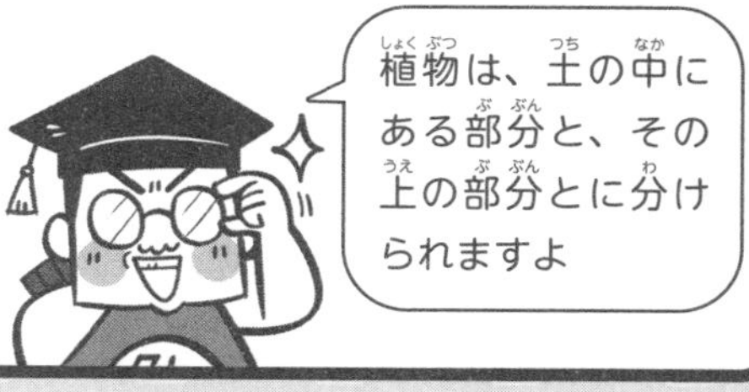
植物は、土の中にある部分と、その上の部分とに分けられますよ

5

次のうち、「くき」の部分を食べているのはどれ？

[ア] ジャガイモ
[イ] サツマイモ
[ウ] ゴボウ

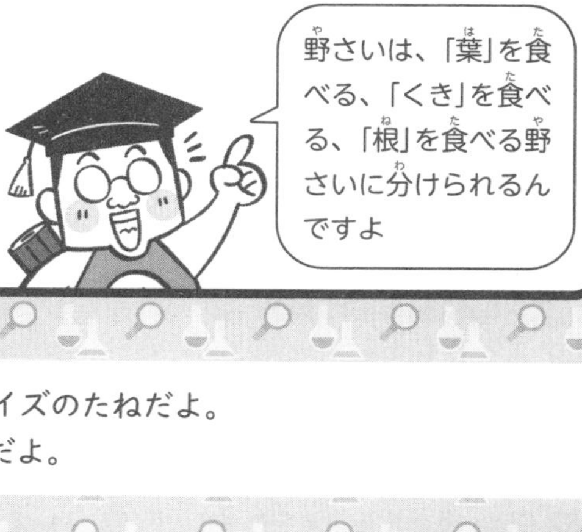
野さいは、「葉」を食べる、「くき」を食べる、「根」を食べる野さいに分けられるんですよ

★264ページのこたえ

❶[ウ] [ア]はマリーゴールド、[イ]はダイズのたねだよ。
❷[イ] [ウ]はヒマワリのたねのまき方だよ。

理科 3年

理科 3年　チャレンジ

こん虫のつくりと育ち方

1

こん虫でないのはどれ？

㋐ テントウムシ

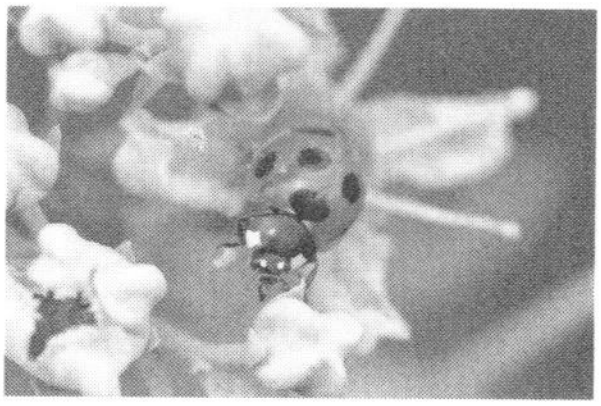

㋑ セミ

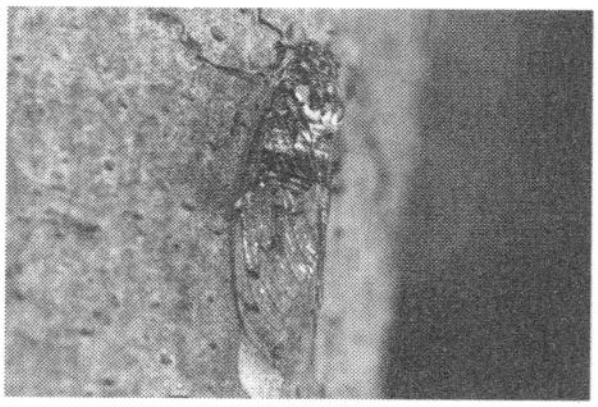

㋒ クモ

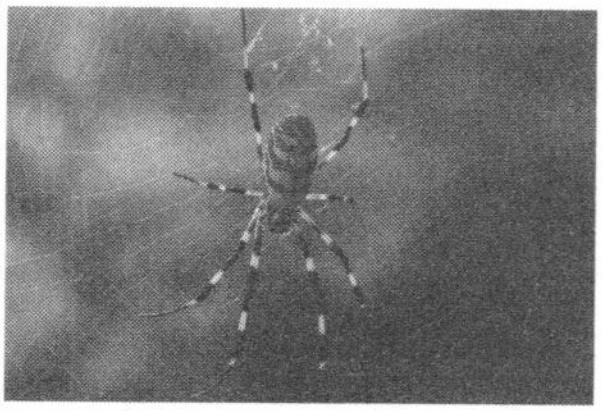

㋓ ハチ

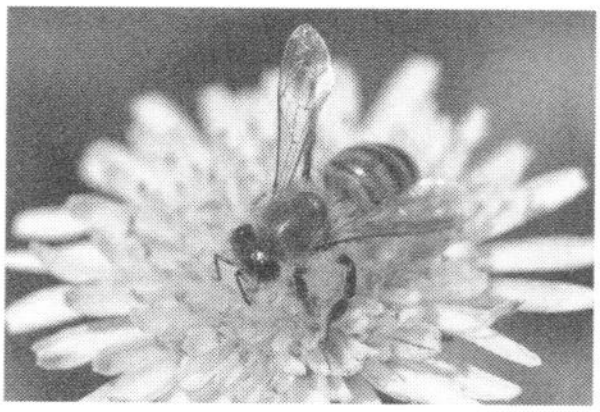

2

こん虫の体は、頭、むね、はらの３つの部分があるよ。あしがついているのはどこ？

㋐ 頭　㋑ むね　㋒ はら

★267ページのこたえ

❸㋑ うまれてきたよう虫が、キャベツの葉を食べるからだよ。

❹㋐ モンシロチョウのたまごは、たて長の形をしているよ。

❺㋐ ㋑・㋒は、さなぎにならずに「よう虫」から「せい虫」になるよ。

3 モンシロチョウのたまごは、どこにうみつけられる？

[ア] ミカンの葉のうら
[イ] キャベツの葉のうら
[ウ] クワの葉のうら

葉のうらのほうが、他の虫や生き物に見つかりにくくていいかな？

4 モンシロチョウのたまごの大きさは？

[ア] 1mm ぐらい　[イ] 5mm ぐらい
[ウ] 1cm ぐらい　[エ] 2cm ぐらい

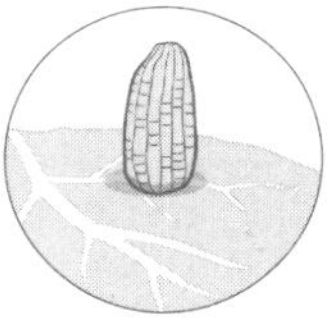

5 モンシロチョウと同じように、「よう虫」→「さなぎ」→「せい虫」のじゅんに育つのはどれ？

[ア] カブトムシ
[イ] ショウリョウバッタ
[ウ] シオカラトンボ

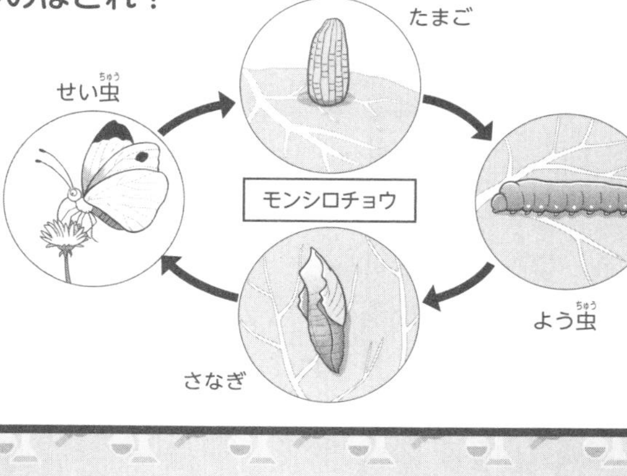
たまご
せい虫
モンシロチョウ
よう虫
さなぎ

★266ページのこたえ

❶[ウ] クモは、体が頭・むねが1つになった部分と、はらの2つの部分に分かれていて、あしが8本あるのでこん虫ではないんだ。
❷[イ] すべてのこん虫は、むねに6本のあしがついているよ。

理科 3年 チャレンジ

ゴムや風のはたらき

1

ゴムで動く車で、動くきょりがいちばん長いのはどれ？

㋐

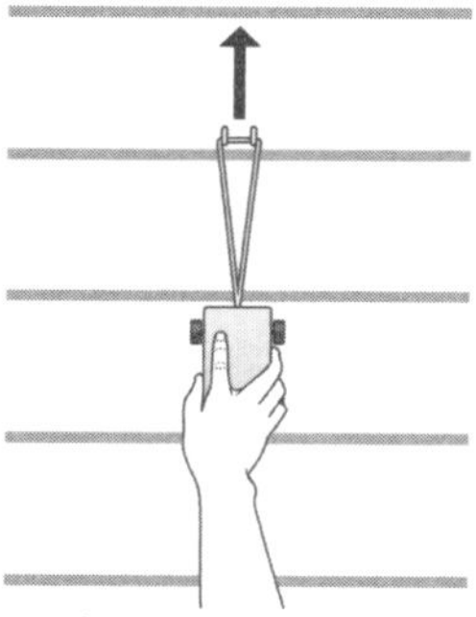

１本のわゴムをみじかくのばす。

㋑

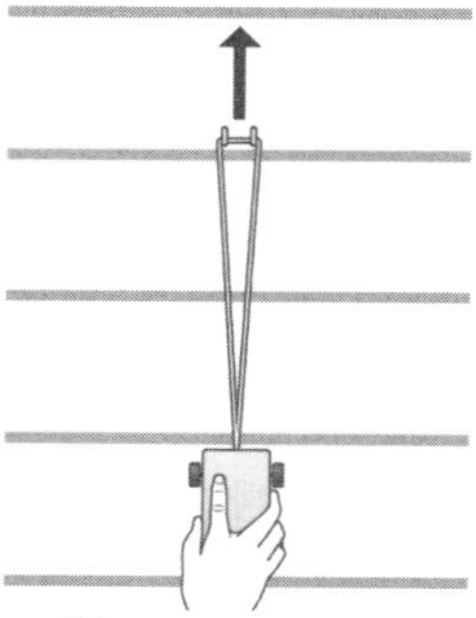

１本のわゴムを長くのばす。

㋒

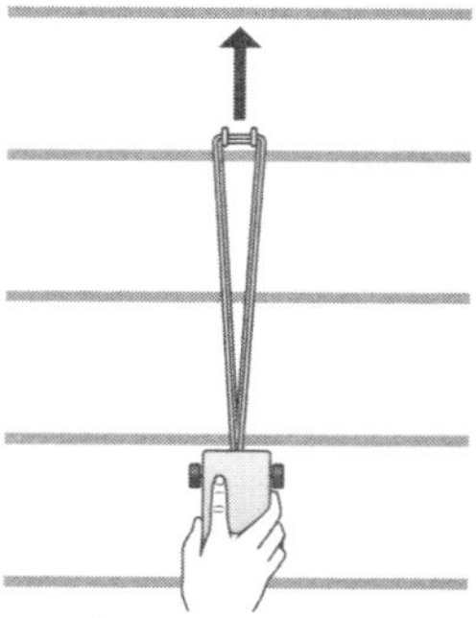

２本のわゴムを長くのばす。

2

わゴムで進む車は、ゴムの何の力をり用している？

㋐ 切れようとする力
㋑ 元にもどろうとする力
㋒ もっとのびようとする力

★269ページのこたえ

❸㋐ ものに当てる風を強くするほど、ものの動き方は大きくなるよ。
❹㋑ うちわで強くあおぐほど、風の強さは強くなりすずしくなるよ。
❺㋓ ボールはゴムのはたらきではずむんだ。

3

次の図は、風の強さをかえて同じ車にあてるじっけんを3回行ったときのけっかをしめしたものだよ。風の強さがいちばん強かったのはどれ？

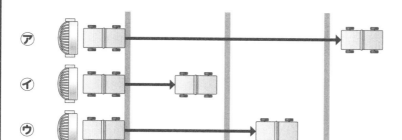

㋐
㋑
㋒

4

自分の顔をうちわであおぐとき、すずしくなるのは？

㋐　うちわで弱くあおぐ。
㋑　うちわで強くあおぐ。

いつもどうやってあおいでたっけ？

5

風のはたらきでないのはどれ？

㋐　風車が回る。
㋑　落ち葉がとばされる。
㋒　たこが空に上がる。
㋓　ボールがはずむ。

★ 268ページのこたえ

❶㋒　わゴムののばした長さが長いほど、わゴムの本数が多いほど、車の進むきょりは長くなるよ。
❷㋑　のばしたわゴムは、元にもどろうとするせいしつがあるよ。

理科 3年　チャレンジ

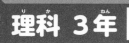

太陽のいち

1

図のようなかげができたとき、太陽のいちはどれ？

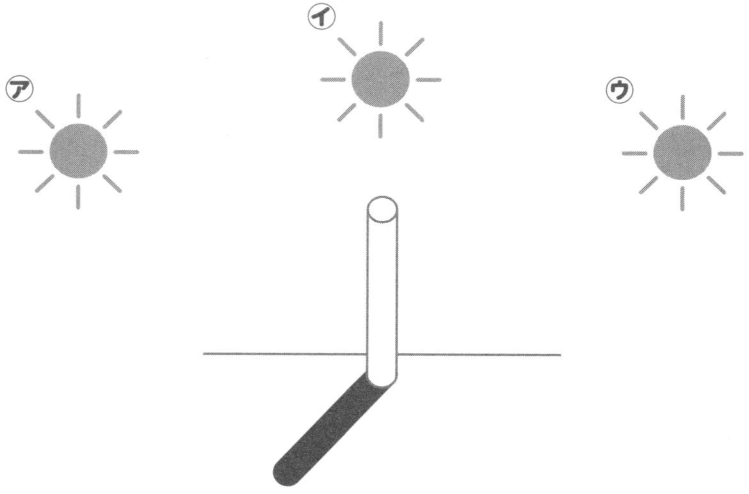

2

晴れた日に、人のかげができるのはなぜ？

㋐ 太陽の光が、人にはね返すから。
㋑ 太陽の光が、人にぶつかって曲がるから。
㋒ 太陽の光が、人によってさえぎられるから。

★271ページのこたえ

[3]㋐ 太陽は東のほうからのぼり、南の高い空を通って、西のほうにしずむよ。
[4]㋑ 温度計は、目もりに合わせて真横から見よう。
[5]㋑ ㋐・㋒・㋓は日なたのとくちょうだよ。

3 太陽のいちは1日にどのようにかわる？

ア 東→南→西　　イ 西→南→東

ウ 東→北→西　　エ 西→北→東

4 温度計の目もりは、どこから読む？

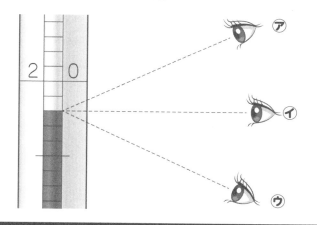

2 0

ア
イ
ウ

5 日かげのとくちょうはどれ？

ア 地面に自分のかげができる。

イ 地面をさわると、少ししめっている。

ウ 地面をさわると、あたたかい。

エ せんたくものが、かわきやすい。

★ 270ページのこたえ

❶ウ 人やもののかげができているとき、太陽はかげの反対がわに見えるよ。

❷ウ かげは、太陽の光を人やものがさえぎるとできるよ。

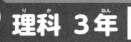

太陽の光

1

かがみではね返した光はどう進む？

㋐ 上に曲がって進む。　㋑ 右に曲がって進む。
㋒ 左に曲がって進む。　㋓ まっすぐに進む。

2

3まいのかがみではね返した日光を、日かげのかべに重ねたとき、いちばん明るいのはどれ？

㋐ A
㋑ B
㋒ C

★273ページのこたえ

❸㋑ 日光が虫めがねを通ると一度集まって、広がるんだ。
❹㋒ 虫めがねで日光を集めたところは、小さくするほどあたたかくなるよ。
❺㋒ 虫めがねで日光を小さく集めるほうが、早く紙をこがすことができるよ。

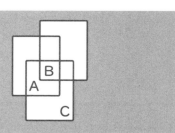

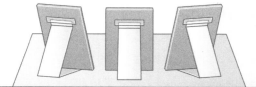

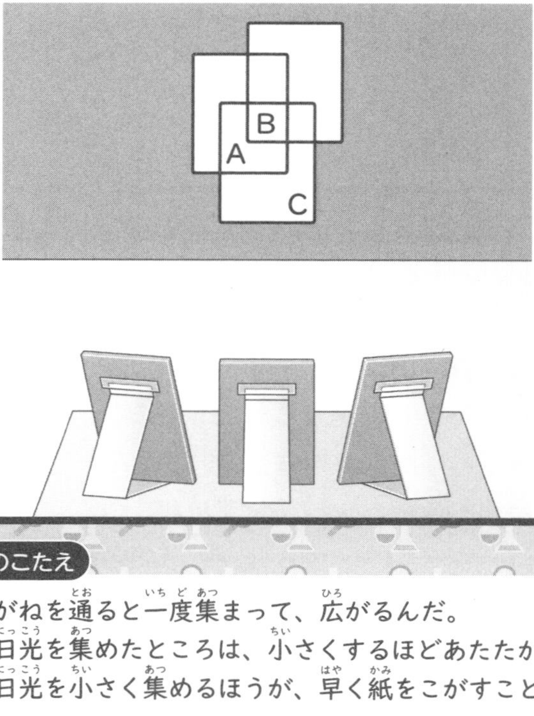

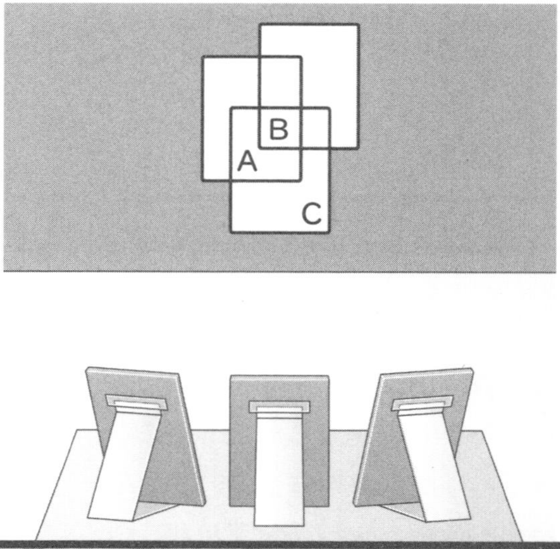

3

日光は、虫めがねを通るとどうなる？

⑦ 広がる　　⑦ 一度集まり、広がる

4

図のように、虫めがねを通った日光を紙に当てたとき、日光が集まったところがいちばんあたたかいのはどれ？

 ⑦

 ⑦

⑦

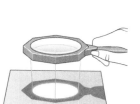
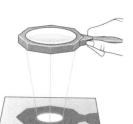
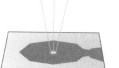

理科
3年

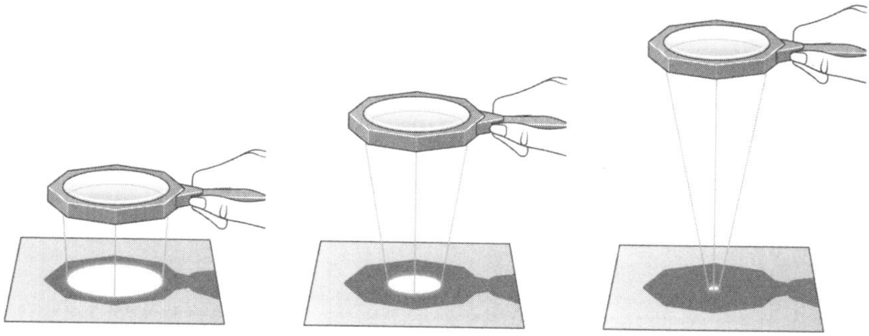

5

④の図の⑦～⑦をつづけると、早く紙をこがすことができるのはどれ？

★272ページのこたえ

❶工 かがみの向きをかえても、はね返した光はまっすぐ進むんだ。
❷⑦ かがみではね返された日光が、たくさん重なっているところほど、明るく、あたたかくなるよ。

もの<ruby>重<rt>おも</rt></ruby>さ

1

<ruby>同<rt>おな</rt></ruby>じ<ruby>体<rt>たい</rt></ruby>せきのとき、<ruby>重<rt>おも</rt></ruby>さがいちばん<ruby>重<rt>おも</rt></ruby>いのはどれ？

㋐ けしゴム ㋑ わたがし ㋒ かん<ruby>電池<rt>でんち</rt></ruby>

2

<ruby>同<rt>おな</rt></ruby>じ<ruby>重<rt>おも</rt></ruby>さの２つの<ruby>丸<rt>まる</rt></ruby>いねん<ruby>土<rt>ど</rt></ruby>を、つぶして<ruby>平<rt>ひら</rt></ruby>たくすると、<ruby>重<rt>おも</rt></ruby>さはどうなる？

㋐ つぶしたほうが<ruby>軽<rt>かる</rt></ruby>くなる。
㋑ つぶしたほうが<ruby>重<rt>おも</rt></ruby>くなる。
㋒ かわらない。

★275ページのこたえ

❸㋒ ものをいくつかに<ruby>切<rt>き</rt></ruby>り<ruby>分<rt>わ</rt></ruby>けても、ものの<ruby>重<rt>おも</rt></ruby>さはかわらないよ。
❹㋐ <ruby>大<rt>おお</rt></ruby>きさがちがうと<ruby>重<rt>おも</rt></ruby>さもちがうので、<ruby>同<rt>おな</rt></ruby>じ<ruby>体<rt>たい</rt></ruby>せきのものをくらべるよ。
❺㋐ <ruby>重<rt>おも</rt></ruby>いじゅんに、<ruby>鉄<rt>てつ</rt></ruby>→ガラス→プラスチックだよ。

学習した日 ／ ／ ／

3

重さ100g のねん土を小さく分けて重さをはかると、重さはどうなる？

㋐ 軽くなる
㋑ 重くなる
㋒ かわらない

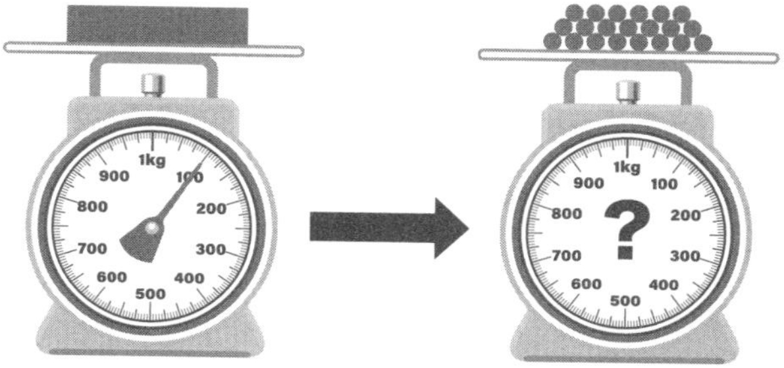

4

プラスチックの玉、鉄の玉、ガラスの玉の重さをくらべるとき、何を同じにすればいい？

㋐体せき　　㋑ 長さ　　㋒ におい

5

同じ体せきの鉄の玉、プラスチックの玉、ガラスの玉のうち、2つを組み合わせて重さをはかったよ。いちばん重いのはどの組み合わせ？

㋐ 鉄の玉とガラスの玉
㋑ 鉄の玉とプラスチックの玉
㋒ ガラスの玉とプラスチックの玉

★274ページのこたえ

❶㋒ ものには、大きくて重いものだけでなく、小さくて重いものもあるよ。重いじゅんに、㋒→㋐→㋑だよ。
❷㋒ ものの形をかえても、ものの全体の重さはかわらないよ。

明かりをつけよう

1

電気を通さないのはどれ？

㋐ 空きかん（アルミニウム）

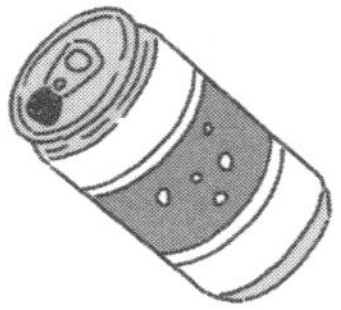

㋑ 鉄のクリップ

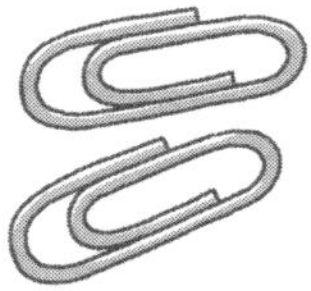

㋒ ガラスのコップ

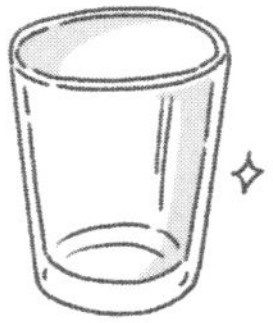

㋓ 鉄くぎ

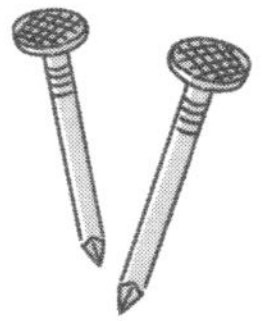

2

次の文ぼう具のうち、電気を通すのはどれ？

㋐ プラスチックの下じき　㋑ 消しゴム

㋒ ノート　㋓ コンパスのはり

★277ページのこたえ

❸㋐ ㋑と㋒は、導線が－きょくにつながっていないから、つかないよ。

❹㋐ かん電池の＋きょくは、出っぱっているんだ。

❺㋒ ❸の㋐ように1つの輪のようになっていると電気が通るよ。

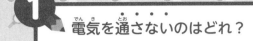

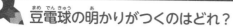

3

豆電球の明かりがつくのはどれ？

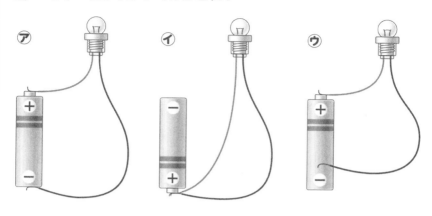

㋐ ㋑ ㋒

4

かん電池のAのところを何と言う？

㋐ ＋きょく
㋑ －きょく
㋒ ソケット
㋓ 電池ホルダー

A

理科

3年

5

1つの輪のようになった電気の通り道を何と言う？

㋐ 導線　㋑ 線路　㋒ 回路

★276ページのこたえ

❶㋒ 鉄や銅、アルミニウムなどを金ぞくと言い、電気を通すよ。
❷㋓ 木や紙、ゴム、プラスチックは電気を通さないんだ。

理科 3年　チャレンジ

じしゃくのせいしつ

1 じしゃくに引きつけられるのはどれ？

㋐ 竹でできたものさし

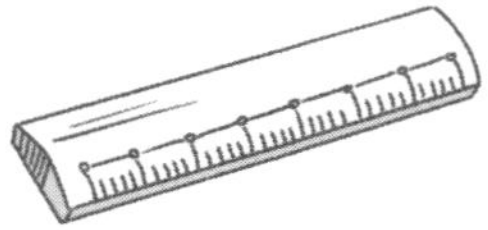

㋑ はさみの切る部分

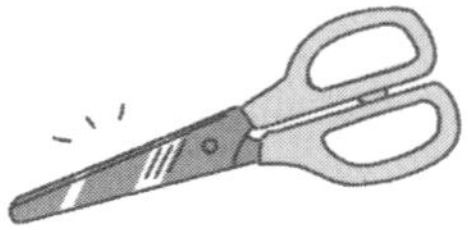

㋒ ペットボトル

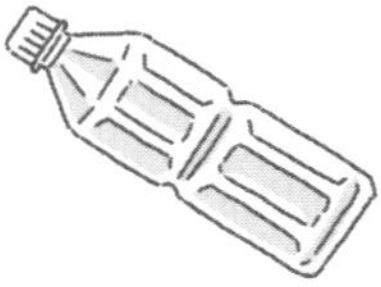

㋓ わゴム

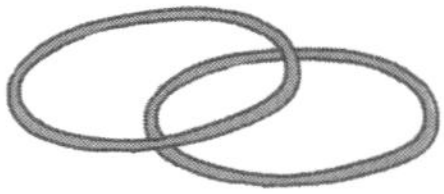

2 2つのじしゃくを近づけたとき、引き合うのは？

㋐ [N] [N]

㋑ [N] [S]

㋒ [S] [S]

★279ページのこたえ

❸㋐ 鉄くぎなどを、じしゃくで同じ向きにこするとじしゃくになるよ。
❹㋐ どちらのじしゃくも、Nきょくが北、Sきょくが南をさして止まるよ。
❺㋓ 地球の北きょく近くが、Nきょくと引き合うSきょくになっているからだよ。

学習した日 ／ ／ ／

3

次の文の□にあてはまる言葉はどれ？

・じしゃくについた□もじしゃくになる。

[ア] 鉄　[イ] くじゃく　[ウ] 鉄火まき

4

図のように自由に動かせるようにしたじしゃくの、Nきょくと Sきょくのむきは？

[ア] どちらもNきょくが同じむきに止まる。

[イ] それぞれちがうむきに止まる。

[ウ] どちらも手をはなしたときのまま、動かない。

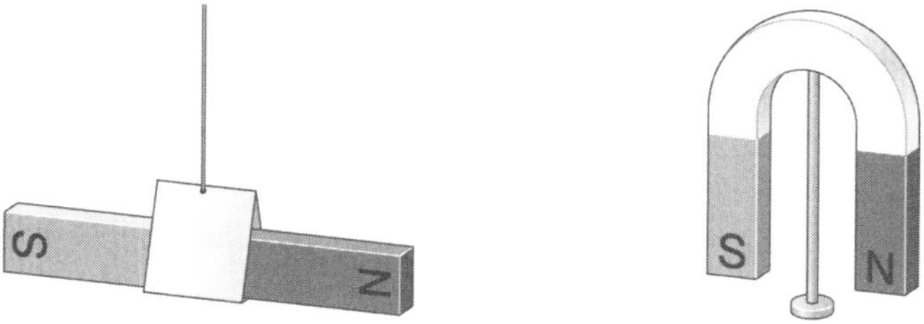

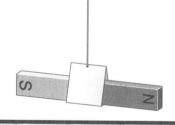

5

方位じしんのNきょくは、どこを指す？

[ア] 東　[イ] 西　[ウ] 南　[エ] 北

★278ページのこたえ

❶[イ] じしゃくは鉄を引きつけるよ。

❷[イ] じしゃくは、ちがうきょくどうしを近づけると引き合い、同じきょくどうしを近づけるとしりぞけ合うよ。

晴れのダンス？ 雨のダンス？

次のグラフは、晴れの日と雨の日の1日の気温の変化を表したものだよ。晴れの日は**あ**・**い**のどっち？

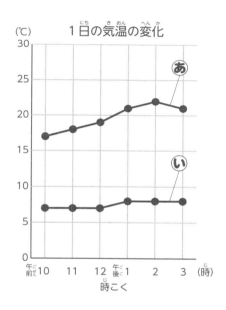

かい説

　晴れの日の気温の変化は朝夕が低く、午後２時ごろにいちばん高くなることが多いんだ。そして、雨の日やくもりの日は、太陽がくもでさえぎられているから１日の気温の変化が小さいんだ。このように、気温の変化は天気によってちがうよ。

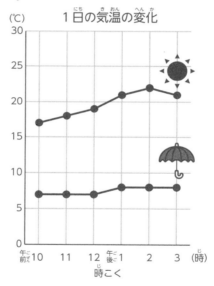

１日の気温の変化

勉オジのダンスってこれを表げんしてたってこと？
しょうもなぁ———い

感じょうをこめておどったんだけどなぁ…

282

太陽がいちばん高いのは正午（12時）ごろですよ。どうして気温がいちばん高いのは午後2時ごろかわかりますか？

正午ごろ

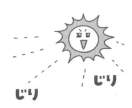

太陽が1日でもっとも高くなるのは正午。晴れの場合は正午に太陽から受けるエネルギーがもっとも強く、空気より先に地面があたためられる。

午後2時ごろ

あつい

ちょっとマシ…

地面をあたためた熱が上部の空気につたわっていって、高さ1.2〜1.5mの気温が上がるまでに時間がかかる。気温は午後2時ごろに最高に達する。

理科
4年

空気より地面が先にあたためられているんだね〜

そうなんですよ〜。ちなみに午後2時の気温がいちばん高くなるのは晴れの日ってこともおわすれなく〜

283

理科 4年　チャレンジ

春と夏の生き物のようす

1

ツルレイシのたねはどれ？

㋐

㋑

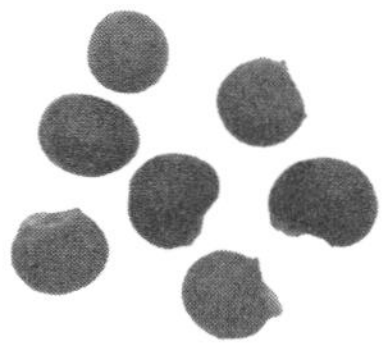

㋒

ツルレイシは、ニガウリやゴーヤともよばれているよ

2

ヘチマを花だんに植えかえるのは、どのようになったころ？

㋐　子葉が出たころ
㋑　まきひげが出たころ
㋒　花がさいたころ

★285ページのこたえ

❸㋑ オオカマキリのらんのうはススキや木の枝などで見つかるよ。
❹㋑ ㋐はオオカマキリのよう虫、㋒はおたまじゃくしだよ。
❺㋒ ㋐・㋑は春の動物や植物のようすだよ。

③ オオカマキリのたまごが入っているふくろを何と言う？

- ㋐ らんおう
- ㋑ らんのう
- ㋒ らんぱく
- ㋓ らんらん

④ ナナホシテントウのよう虫はどれ？

㋐

㋑

㋒

理科
4年

⑤ 夏の動物や植物のようすを表しているものとして正しいものはどれ？

- ㋐ ヒキガエルはたまごからおたまじゃくしになっていた。
- ㋑ サクラやオオイヌノフグリの花がさいていた。
- ㋒ 木のしるにカナブンやカブトムシが集まっていた。

★284ページのこたえ

❶㋒ ツルレイシのたねは、たてに長く、ガタガタした形をしているよ。㋐はヘチマ、㋑はオクラのたねだよ。

❷㋑ まきひげが出てきたら、土ごと植えかえよう。

秋と冬の生き物のようす

1

冬のヒキガエルのようすはどれ？

㋐

㋑

㋒

㋓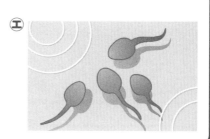

2

英語で「芽が出る」や「とびはねる」という意味があるのは、次のうちどれ？

㋐　スプリング　　㋑　サマー　　㋒　フォール　　㋓　ウインター

★287ページのこたえ

❸㋓ ナナホシテントウは成虫で冬をこすよ。
❹㋐ ヘチマの実はじゅくしてくると茶色くかたくなるよ。
❺㋒ 冬になると、ヘチマはたねを残して全部かれてしまうんだ。

学習した日 ／ ／ ／

3

下の絵は、ナナホシテントウの冬のようすだよ。ナナホシテントウのすがたはどれ？

[ア] たまご
[イ] さなぎ
[ウ] よう虫
[エ] 成虫

4

秋になると、ヘチマの実は何色になる？

[ア] 茶色　[イ] 緑色　[ウ] 黒色

5

冬のヘチマのようすはどれ？

[ア] 葉はかれているが、くきと根は生きている。
[イ] 葉とくきはかれているが、根は生きている。
[ウ] 葉、くき、根ともかれている。

★286ページのこたえ

❶[ア] ヒキガエルは、冬は土の中でじっとしてすごすよ。[イ]は秋、[ウ]は活発に活動する夏のようす、[エ]は春の池の中などで見られるおたまじゃくしだよ。
❷[ア] 春は英語でスプリングで、「芽が出る」などの意味があるんだ。

理科 4年

天気と気温

1 晴れの日のグラフはどれ？

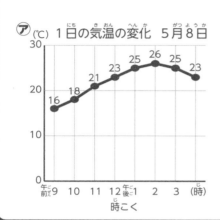

㋐ (℃) 1日の気温の変化 5月8日

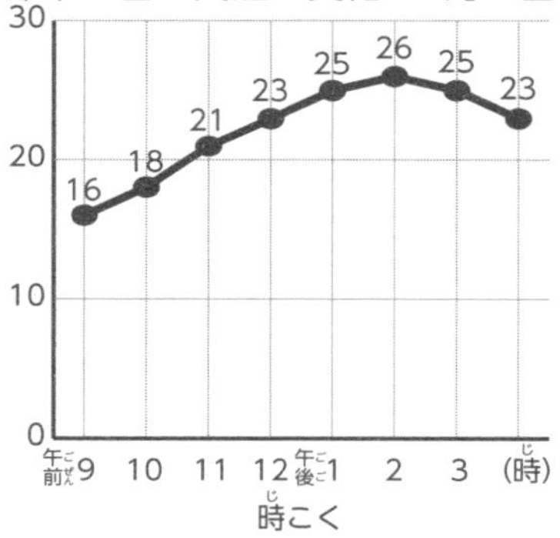
30
20
10
0
16
18
21
23
25
26
25
23
午前9
10
11
12
午後1
2
3
(時)
時こく

㋑ (℃) 1日の気温の変化 5月10日

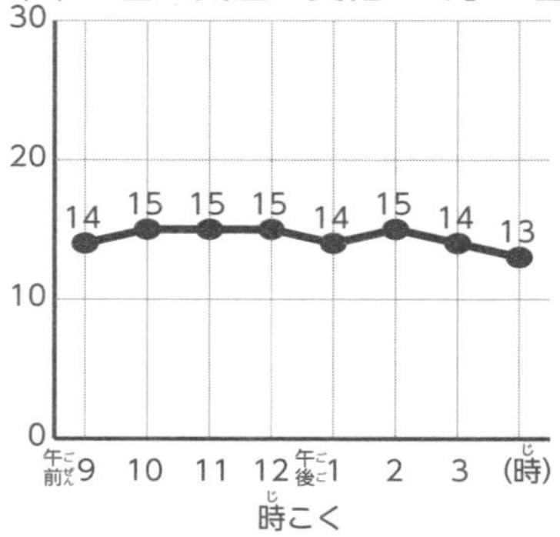
30
20
10
0
14
15
15
15
14
15
14
13
午前9
10
11
12
午後1
2
3
(時)
時こく

2 上のグラフの㋐で、気温がもっとも高くなったときの時こくと気温は？

㋐ 正午で、気温は23℃
㋑ 正午で、気温は26℃
㋒ 午後２時で、気温は23℃
㋓ 午後２時で、気温は26℃

★289ページのこたえ

❸㋑ 気温は風通しのよい場所で、地面から1.2m ～1.5m の高さではかるよ。
❹㋑ 日光が直せつ当たってしまうと、気温が正しくはかれないよ。
❺㋐ 日光を反しゃするために、白くなっているんだ。

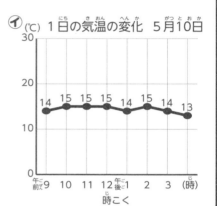

3

気温をはかるとき、地面から温度計までの高さはどれくらいがよい？

㋐ 0.8m ～1.0m

㋑ 1.2m ～1.5m

㋒ 1.8m ～2.0m

4

気温をはかるとき、図のように温度計におおいをするのはなぜ？

㋐ 風が直せつ当たらないようにするため。

㋑ 日光が直せつ当たらないようにするため。

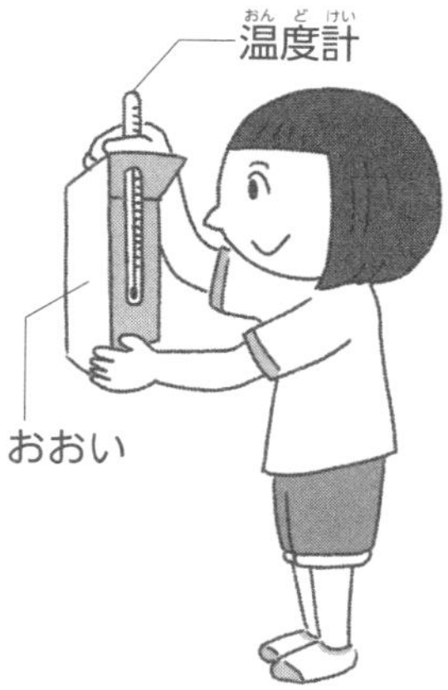

5

気温を正しくはかるためにつくられた百葉箱の色は？

㋐ 白　㋑ 黒　㋒ 緑　㋓ 黄

★288ページのこたえ

❶㋐ 晴れの日は、雨の日やくもりの日とくらべて気温の変化が大きいよ。

❷㋓ 晴れの日の気温の変化は、朝夕は低く、昼ごろ高くなり、午後2時ごろにいちばん高くなることが多いよ。

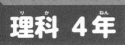

電池と電流

1

図のように、モーターとかん電池２こをつないだら、モーターが回ったよ。AとBでモーターの回り方は？

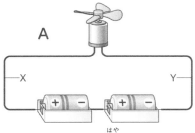

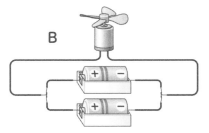

㋐ Aのほうが速い。
㋑ Bのほうが速い。
㋒ どちらも同じ。

2

上の図のAで、モーターからの導線のXとYをぎゃくにつなぐと、モーターはどうなる？

㋐ 同じ向きに回る。
㋑ ぎゃく向きに回る。
㋒ 回らない。

★291ページのこたえ

❸㋐ かん電池が直列つなぎになっているので、流れる電流が大きくなるよ。
❹㋑ かん電池の－極どうしが導線でつながれた回路になっているからだよ。
❺㋑ ㋐は、モーター、㋒はかんいけん流計だよ。

学習した日 ／ ／ ／

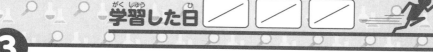

3

かん電池2こと豆電球1こをつないでみたよ。豆電球がいちばん明るくつくのはどれ？

[ア]

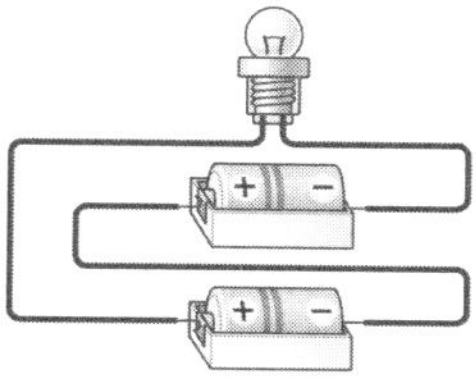

[イ]

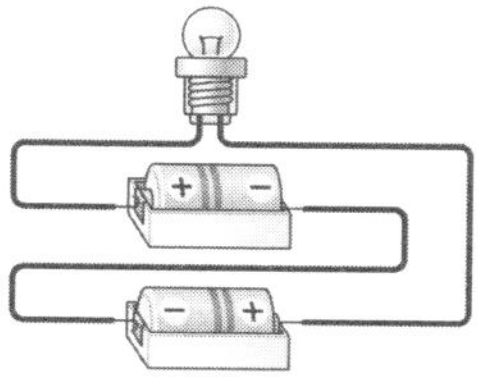

[ウ]

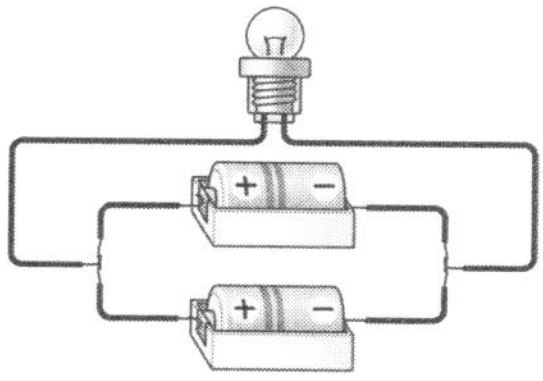

[エ]

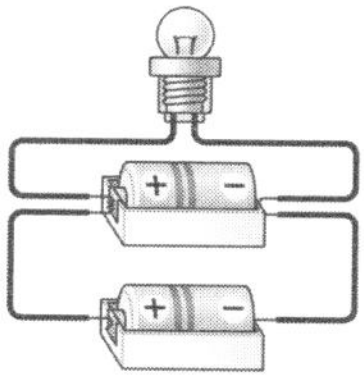

4

上の図の[ア]～[エ]で、豆電球がつかないのはどれ？

5

回路の記号で、豆電球を表すのはどれ？

[ア]

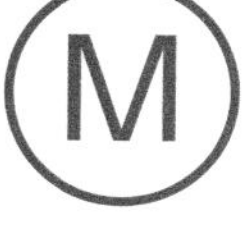

[イ]

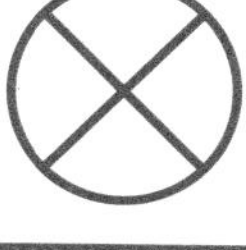

[ウ]

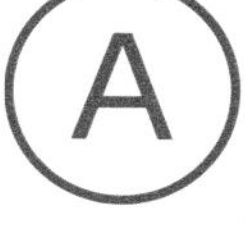

★290ページのこたえ

❶[ア] Aは直列つなぎ、Bはへい列つなぎ。かん電池を直列につないだほうが、へい列につなぐよりも流れる電流が大きくなるから、モーターは速く回るよ。

❷[イ] 電流の向きが反対になるから、モーターもぎゃく向きに回るんだ。

理科 4年 チャレンジ

とじこめた空気や水

1

図のように、つつに空気をとじこめて、ぼうでおしたとき、手ごたえがいちばん大きくなるのは？

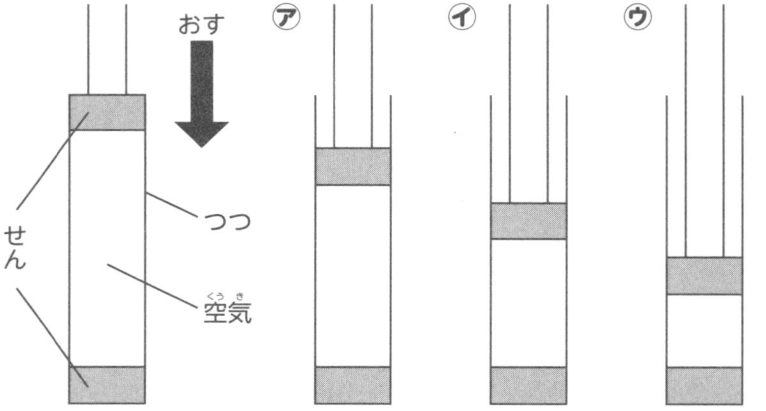

2

上の図の㋒のぼうをおすのをやめるとどうなる？

㋐ 元にもどる　㋑ そのまま動かない

★ 293ページのこたえ

❸㋑ 空気でっぽうは、空気が元にもどろうとする力を利用しているよ。
❹㋒ とじこめた水に力を加えても、水はおしちぢめられないから、水の体積も変わらないよ。
❺㋒ ㋐と㋑は空気のせいしつを利用したものだよ。

3

図のように空気でっぽうで玉を飛ばすときのようすで正しいのはどれ？

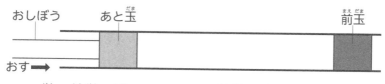

おしぼう　あと玉　　　　　　　　　　　　　前玉

おす➡

㋐　あと玉が前玉を直せつおして、前玉が飛ぶ。

㋑　あと玉が前玉に当たる前に、前玉が飛ぶ。

4

つつに水をとじこめて、ぼうをおすよ。加える力を強くすると、つつの中の体積はどうなる？

㋐　大きくなる

㋑　小さくなる

㋒　変わらない

5

水のせいしつを利用したものは？

㋐　タイヤ　　㋑　うきわ　　㋒　注しゃ器

理科

4年

★292ページのこたえ

❶㋒　とじこめた空気に力を加えると、空気はおしちぢめられて体積が小さくなるよ。空気は体積が小さくなると、元にもどろうとするから、体積が小さいほど手ごたえは大きくなるよ。

❷㋐　体積が小さくなった空気は、元にもどろうとするよ。

理科 4年　チャレンジ

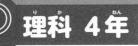

星の動き

1

「夏の大三角」をこう成する[あ]の星を何と言う？

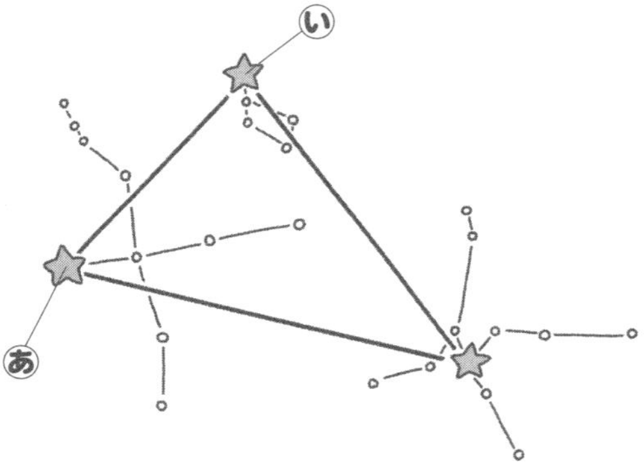

[い]
[あ]

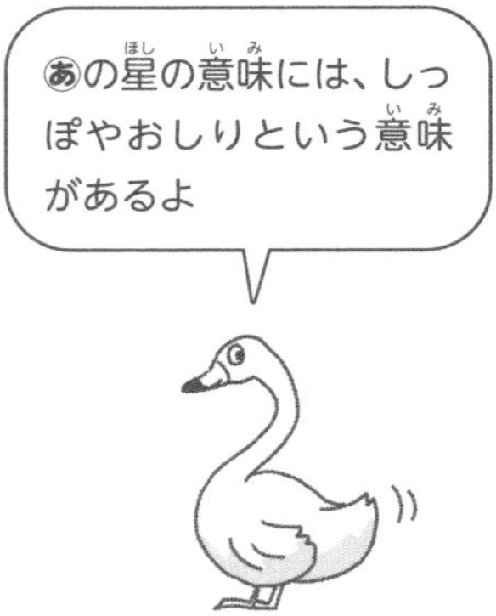

[あ]の星の意味には、しっぽやおしりという意味があるよ

㋐　アルタイル　　㋑　ベガ　　㋒　デネブ

2

上の図の[い]の星をふくむ星ざを何と言う？

㋐　わしざ　　㋑　ことざ

㋒　はくちょうざ　　㋓　さそりざ

★295ページのこたえ

[3]㋐ 夏の西の空にはアルクトゥルスが見えるよ。

[4]㋐ アルタイル、デネブ、ベガは白っぽい色だよ。

[5]㋑ 東の空にある星は、南の高いところを通って西へ動くよ。

3 夏の夜空に、「夏の大三角」が観察できるのはどの空？

ア 東の空　　**イ** 西の空　　**ウ** 南の空　　**エ** 北の空

4 次のうちもっとも温度の高い星はどれ？

ア 白く見える星　　　　**イ** 黄色く見える星
ウ だいだい色に見える星　**エ** 赤く見える星

5 夏の東の空を観察したとき、図の星はどの向きに動く？

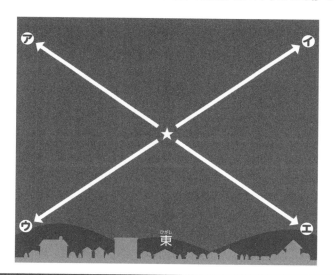

理科

4年

★ **294ページのこたえ**

❶**ウ** はくちょうざのデネブ、わしざのアルタイル、ことざのベガはどれも1等星で、この3つの星を結んでできる三角形を「夏の大三角」と言うよ。
❷**イ** 星のまとまりに名前をつけたものを、星ざと言うよ。

月の動き

1

下の図は、午後4時ごろに月の形と位置を観察したものだよ。午後5時にはどの位置に見える？

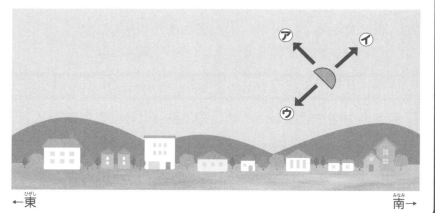

←東

南→

2

①の月は、午後10時にはどのように見える？

ア　　　イ　　　ウ

★297ページのこたえ

❸イ 満月も、半月と同じように、東からのぼって南の空を通り、西のほうへ動くよ。

❹ウ 満月は、真夜中に南の空の高いところに見えるよ。

❺ウ 月は、日によって半月や満月など形が変わるよ。

3

下の図は、午後8時から午前4時までの満月の位置の変化を記録したものだよ。あが見られたのはいつ？

ア 午前4時
イ 午後8時

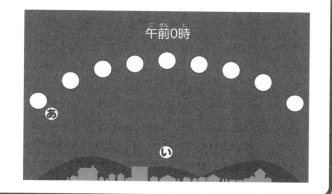

午前0時

あ

い

4

上の図のいにあてはまる方位は？

ア 東　イ 西　ウ 南　エ 北

5

月の形について正しいのは？

ア 月の形は、いつも同じである。
イ 月の形は、時こくによって変わる。
ウ 月の形は、日によって変わる。

★296ページのこたえ

❶イ 月は、東からのぼって南の空を通り、西のほうへ動くよ。
❷ア 半月は、南の空にあるころには❶、さらに西の空にしずんでいくときには
ア のようなかたむきになっているよ。

理科 4年　チャレンジ

わたしたちの体

1

右の図は、人の体のつくりを表したものだよ。関節にあたるのはどこ？

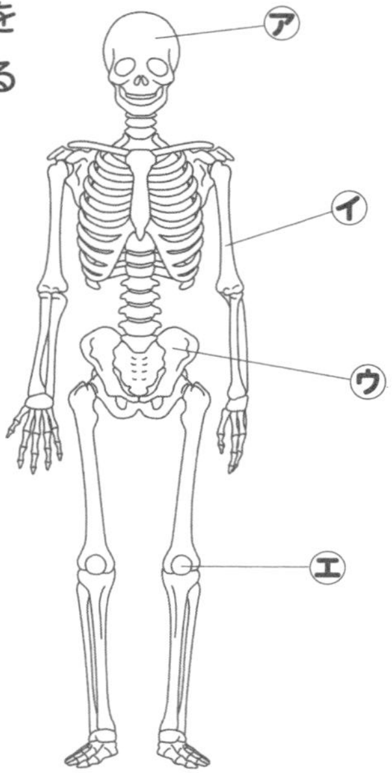
㋐
㋑
㋒
㋓

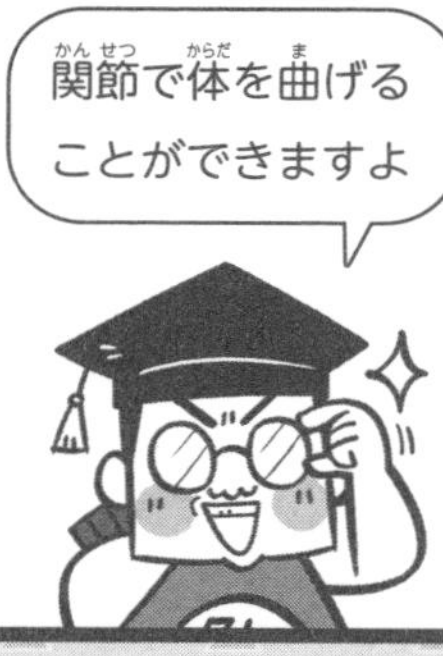
関節で体を曲げることができますよ

2

はいや心ぞうを守る12対24本のほねは何？

㋐ 大たいこつ　　㋑ ろっこつ

㋒ こつばん　　㋓ 上わんこつ

★299ページのこたえ

❸㋑ さわると、やわらかく感じるのは、きん肉だよ。

❹㋐ ㋑はむねにあるきん肉、㋒はおなかにあるきん肉だよ。

❺㋑ 人がうでを曲げたとき、Aのきん肉がちぢみ、Bのきん肉がゆるむよ。

3

うでの中にあるやわらかい部分は何？

㋐ ほね　㋑ きん肉

4

次のうち、せなかにあるきん肉はどれ？

㋐ はいきん
㋑ きょうきん
㋒ ふっきん

5

右の図は、人がうでを曲げたときのようすだよ。ゆるんだのはどっち？

㋐ Aのきん肉
㋑ Bのきん肉

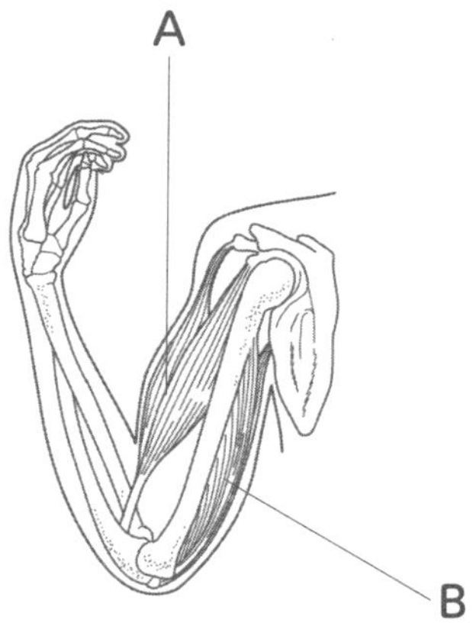

★298ページのこたえ

❶㋓ ㋓はひざの関節だよ。㋐～㋒は、ほねだね。
❷㋑ ろっこつはあばらぼねともよばれるよ。

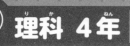

理科 4年 チャレンジ

もののの温度と体積

1

温度による空気の変わり方を調べるために、試験管にせっけんのまくをはって右の図のように冷やしたよ。せっけんのまくはどうなる？

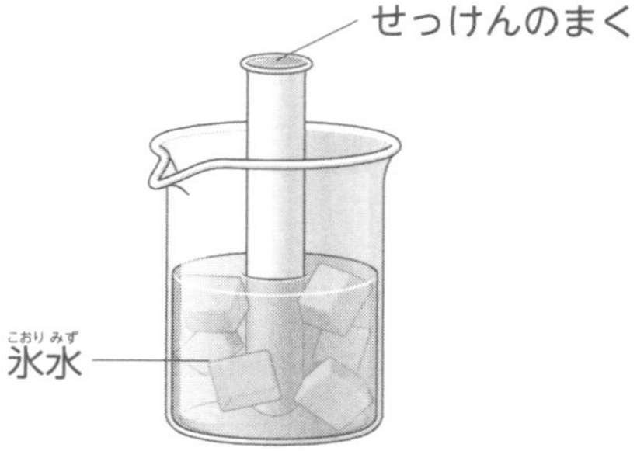

㋐ 変わらない
㋑ へこむ
㋒ ふくらむ

2

試験管に入れた水を下の㋐～㋒のようにアルコールランプであたためたとき、水全体がはやくあたたまるのはどれ？

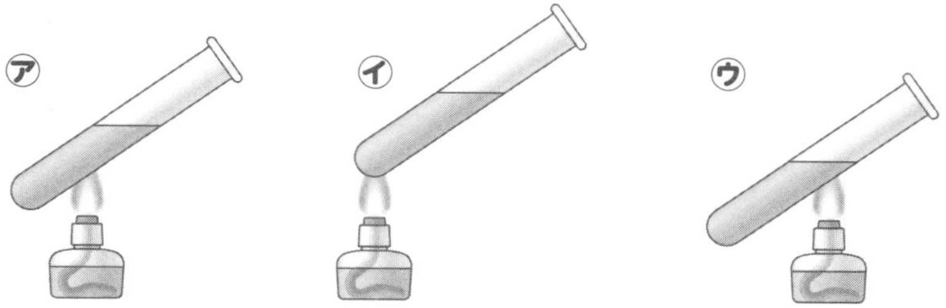

★301ページのこたえ

❸㋑ 空気と水の温度による体積の変わり方は、空気の体積の変わり方のほうが、水にくらべてずっと大きいよ。
❹㋑ 温度が高くなった空気は上のほうへ動き、全体があたたまっていくよ。
❺㋐ 金ぞくの一部をあたためると、熱したところから熱が伝わっていくよ。

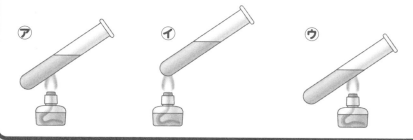

3

水と空気の体積の変わり方について正しいのはどれ？

ア　水のほうが空気よりも変化が大きい。
イ　空気のほうが水よりも変化が大きい。
ウ　水と空気の変化は同じ。

4

図のように、ビーカーに線こうのけむりを入れて、空気のあたたまり方を調べたよ。けむりはどのように動く？

5

金ぞくをあたためたとき、
いちばん先にあたたまるのは？

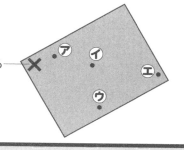

熱するところ

理科

4年

★300ページのこたえ

❶イ　空気の温度が変わると、空気の体積が変わるよ。あたためると体積は大きくなり、冷やすと小さくなるよ。

❷イ　水は熱せられたところからあたたまり、温度の高くなった水が上のほうに動いて水全体があたたまるんだ。

すがたを変える水

1

図のように、ビーカーに入れた水を熱して、ふくろのようすを調べたよ。水がふっとうしているとき、ふくろはどうなる？

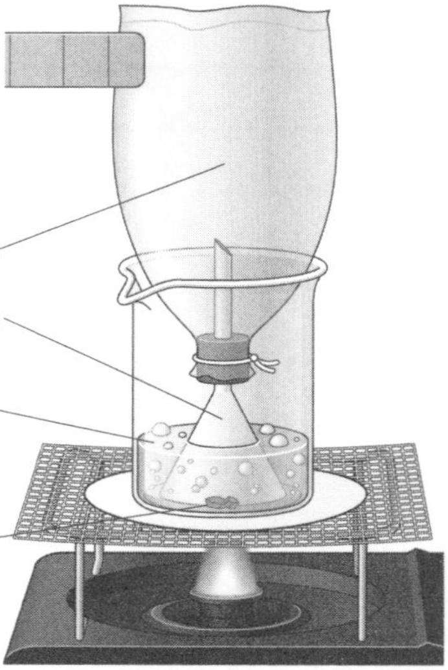

[ア] しぼむ
[イ] ふくらむ
[ウ] 変わらない

2

水を熱すると、ふっとうしてさかんにあわが出るけど、ふっとうした後も熱し続けると温度はどうなる？

[ア] 上がる
[イ] 下がる
[ウ] 変わらない

★303ページのこたえ

[3][ア] 水が氷になると、体積が大きくなるよ。
[4][ア] 全部の水が氷になった後も冷やし続けると、氷の温度はさらに下がるよ。
[5][ウ] 氷は固体、水はえき体だよ。

3

水を冷やして、全部氷になったとき、その体積はどうなる?

ア 大きくなる　　**イ** 小さくなる　　**ウ** 変わらない

4

水を熱してふっとうする温度と、水を冷やしてこおり始める温度の組み合わせは?

ア ふっとうする温度：100℃くらい、こおり始める温度：0℃
イ ふっとうする温度：100℃くらい、こおり始める温度：5℃
ウ ふっとうする温度：120℃くらい、こおり始める温度：0℃
エ ふっとうする温度：120℃くらい、こおり始める温度：5℃

5

下の図は、温度による水のすがたの変化を表したものだよ。水じょう気のときの水のすがたを何と言う?

理科 4年

氷

水

水じょう気

見えない

ア えき体　　**イ** 固体　　**ウ** 気体

★302ページのこたえ

❶**イ** 水がふっとうすると、水じょう気になってふくろの中に集まるから、ふくろがふくらむよ。
❷**ウ** 熱し続けても、ふっとうしている間は水の温度は変わらないよ。

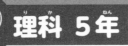

川の流れと天気

1

川は、山から流れ出して海に流れこむよ。その流れを山側から順に上流・中流・下流と分けるんだ。川原で見られる石は上流・中流・下流でそれぞれ大きさがちがっているよ。下流の川原で見られる石はどれ？

[ア]
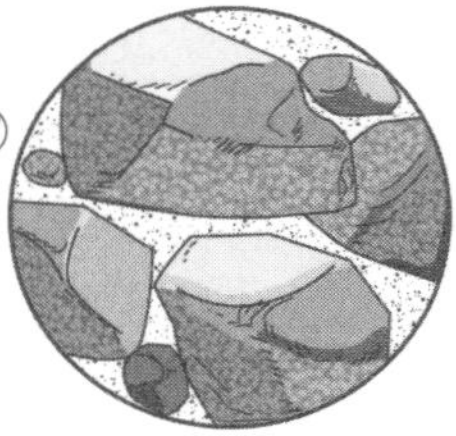

[イ]
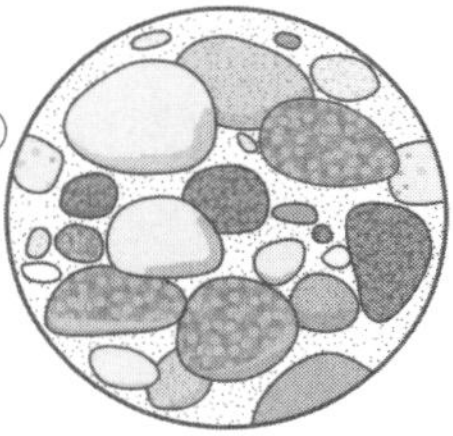

[ウ]
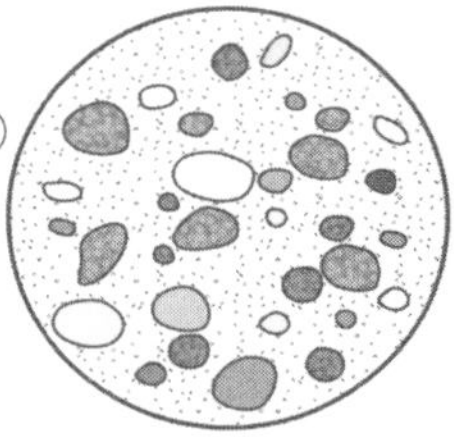

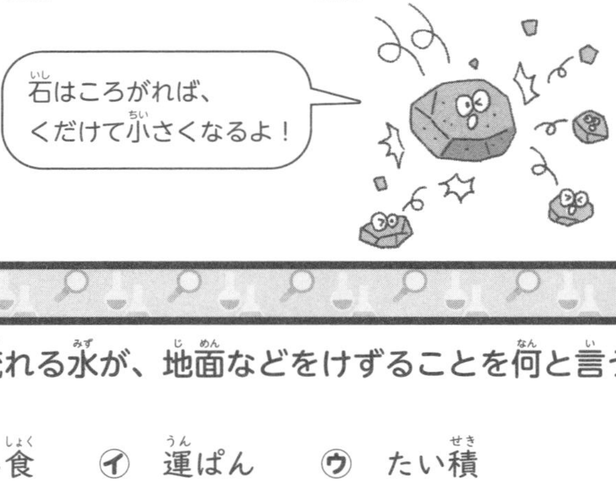
石はころがれば、
くだけて小さくなるよ！

2

川を流れる水が、地面などをけずることを何と言う？

[ア] しん食　[イ] 運ぱん　[ウ] たい積

★305ページのこたえ

❸[エ] くもりのときは青空がほとんど見えないよ。雲の量が0～8のときは晴れなんだ。

❹[イ] へん西風という地球を一周する風が一年中、西から東にふくからだよ。

❺[ウ] アメダスで集められたデータは天気予報に役立てられているんだ。

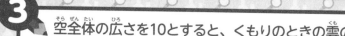

3 空全体の広さを10とすると、くもりのときの雲の量はどれだけ？

㋐ 雲の量1～10
㋑ 雲の量3～8
㋒ 雲の量5～10
㋓ 雲の量9～10

4 春のころの日本の天気は、どちらからどちらに変わっていく？

㋐ 東から西に　　　　㋑ 西から東に
㋒ 北から南に　　　　㋓ 南から北に

5 気象ちょうは、全国にある観測所で24時間休みなく、局地的な気象の変化をかんししているよ。このシステムを何と言う？

㋐ ハレダス　　㋑ クモリダス
㋒ アメダス　　㋓ ユキダス

理科

5年

★304ページのこたえ

❶㋒ 上流では、角のある大きな石が見られ、中流、下流と下るほど、丸く小さな石になっていくんだよ。

❷㋐ 水の働きで、地面などをけずることをしん食、けずったものをおし流すことを運ぱん、積もらせることをたい積と言うんだ。

植物の実や種子

1 インゲンマメの種子を半分に切ったものだよ。このうち発芽に必要な養分がふくまれているのはどっち？

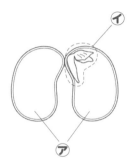

2 インゲンマメの種子にはデンプンがふくまれているよ。ヨウ素液をかけると何色に変化する？

- ㋐ 青むらさき色
- ㋑ うすい茶色
- ㋒ 緑色

★307ページのこたえ

❸㋑ アサガオの花の中心に、めしべがあるよ。

❹㋒ おばなにはおしべ、めばなにはめしべがあるんだよ。

❺㋐ 花粉がめしべについて受粉すると種子や実ができるよ。

3 アサガオの花をたてに切ってみたよ。
あの部分の名前はどれ？

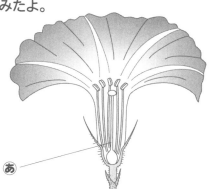

ア　花びら

イ　めしべ

ウ　おしべ

エ　がく

あ

4 ツルレイシやカボチャの花には、おばなとめばながあるよ。
めばなについていないつくりはどれ？

ア　花びら　　イ　めしべ　　ウ　おしべ　　エ　がく

理科
5年

5 ヘチマのおしべの先には粉のようなものがあって、めしべの
先につくよ。この粉を何と言う？

ア　花粉

イ　実

ウ　種子

エ　魔法の粉

★306ページのこたえ

❶ア　イは成長すると「根、くき、葉」になるところだよ。

❷ア　ヨウ素液はうすい茶色だよ。ヨウ素液をデンプンにかけると青むらさき色
に変化するよ。

理科 5年　ステップアップ

ふりこ／もののとけ方

1

同じ重さのおもりを使って、ふれはばの角度や糸の長さのちがうふりこをつくったよ。ふりこが行ってもどってくる1往復の時間がいちばん長いのはどれ？

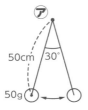

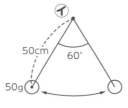

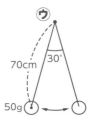

2

10g のおもり、30g のおもり、50g のおもりを使って、糸の長さとふれはばの角度が同じふりこをつくったよ。ふりこが1往復する時間はどうなる？

㋐　50g のおもりのふりこがいちばん長い。
㋑　10g のおもりのふりこがいちばん長い。
㋒　どのおもりのふりこも同じ。

★ 309ページのこたえ

3㋑ 水にものをとかしても、重さはとかす前の水とものを合わせた重さと同じだよ。
4㋐ 水が半分だから、とける食塩の量も半分になるよ。
5㋒ ものが水にとける量は、水の量や温度によって変わるよ。

3

水と食塩を容器に入れて全体の重さをはかったら270gだったよ。食塩を水に入れてとかした後、全体の重さはどうなる?

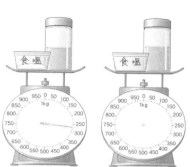

- ㋐ 270gより軽くなる。
- ㋑ 270gのまま。
- ㋒ 270gより重くなる。

4

水100mLに食塩は36gまでとけるよ。それ以上食塩を入れても食塩はとけ残るんだ。では、水50mLには食塩は何gまでとける?

- ㋐ 18g
- ㋑ 36g
- ㋒ 48g

5

とけ残った食塩水の食塩を全部とかすにはどうすればいい?

- ㋐ 大きなビーカーに入れかえる。
- ㋑ 食塩の量をふやす。
- ㋒ 水の量をふやす。

理科

5年

★308ページのこたえ

❶㋒ 糸が長いほうが、ふりこの1往復する時間は長いよ。糸の長さが同じなら、時間は同じになるよ。

❷㋒ おもりの重さがちがっても、ふりこが1往復する時間は変わらないよ。

ものの燃え方

1

ろうそくに火をつけて、底のないびんを切れ目のあるねん土にのせると、ろうそくは燃え続けるよ。このとき、びんの空気の出入りはどうなる？

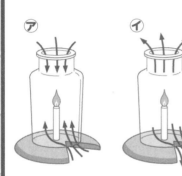

ⓐ　　　　ⓘ　　　　ⓤ　　　　ⓔ

2

空気中の気体のうち、ものを燃やす働きがあるのはどれ？

ⓐ　酸素　　ⓘ　二酸化炭素　　ⓤ　ちっ素

★311ページのこたえ

❸ⓐ 空気中の気体でちっ素がいちばん多いよ。
❹ⓤ 石灰水と二酸化炭素がまざると、石灰水が白くにごるよ。
❺ⓘ 木やろうそくなどが燃えると、酸素が使われて、二酸化炭素ができるよ。

3

次のグラフは、空気の気体の成分を表していて、㋐～㋒には、酸素、二酸化炭素、ちっ素のいずれかが入るよ。ちっ素は㋐～㋒のうち、どれ？

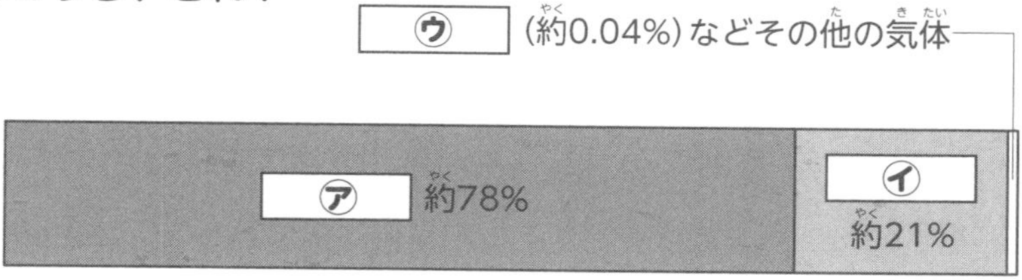
㋒ (約0.04%)などその他の気体
㋐ 約78%
㋑ 約21%

4

石灰水を入れた集気びんの中でろうそくを燃やしたよ。ろうそくの火が消えた後に、集気びんをよくふると、石灰水はどうなる？

㋐ 青く光る　㋑ 赤くなる
㋒ 白くにごる　㋓ 何も変化しない

5

❹の問題で、ろうそくが燃えた後にできた気体は何？

㋐ 酸素　㋑ 二酸化炭素　㋒ ちっ素

★310ページのこたえ

❶㋓ 底にすき間があると、そこが新しい空気の入り口となり、びんの口が出口になるよ。
❷㋐ ふたをしたびんの中で火が消えるのは、酸素がなくなったからだよ。

理科 6年 ステップアップ

体のつくり

1

着色した水を入れた三角フラスコに、根のついたホウセンカを入れて、数時間後に観察するとどうなっている？

㋐ 根にだけ色がつく。
㋑ 根と葉にだけ色がつく。
㋒ 根とくきと葉に色がつく。

この実験ではだっし綿でくきを固定していますよ～

2

植物の体から、水が水蒸気になって出ていくことを何と言う？

㋐ 受粉　㋑ 蒸散　㋒ ふっとう

★313ページのこたえ

❸㋒ 気孔は、葉の表面にあり、水蒸気などの気体の通り道になるよ。
❹㋓ 胃は消化の働きをするんだ。養分の吸収はほとんど小腸で行うよ。
❺㋐ 血液によって、酸素や養分を全身に運んでいるよ。

3 植物の体にある、水蒸気が出ていく小さなあなを何と言う？

- ㋐ 子葉
- ㋑ めしべ
- ㋒ 気孔

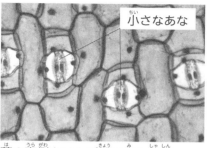

小さなあな

葉の裏側をけんび鏡で見た写真

4 食べ物は、口から体の中に入って消化され吸収されるよ。食べ物から養分をとり入れて吸収している体の部分はどこ？

- ㋐ 肺
- ㋑ 心臓
- ㋒ 胃
- ㋓ 小腸

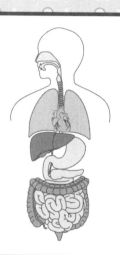

理科

6年

5 血液を全身に送り出す働きをしている体の部分はどこ？

- ㋐ 心臓
- ㋑ 肺
- ㋒ かん臓
- ㋓ じん臓

★312ページのこたえ

❶㋒ 根から吸い上げられた水は、くきや葉の水の通り道を通って体のすみずみに運ばれていくんだよ。

❷㋑ 蒸散は、おもに気孔によって行われているよ。

生物と環境

1

けんび鏡を使って、池の中の
小さな生き物を観察したよ。
この生き物は何？

しょっ角は、シュートを
打った後のような形だよ

㋐ ミカヅキモ

㋑ ミジンコ

㋒ ゾウリムシ

2

生物どうしのつながりが食べるものから食べられるものになるように、正しくならんでいるのはどれ？

㋐ キャベツ→モンシロチョウのよう虫
→アマガエル→シマヘビ

㋑ キャベツ→アマガエル
→モンシロチョウのよう虫→シマヘビ

㋒ シマヘビ→アマガエル
→モンシロチョウのよう虫→キャベツ

㋓ シマヘビ→モンシロチョウのよう虫
→アマガエル→キャベツ

★315ページのこたえ

❸㋒ わたしたちは食べ物を食べたり、にょうを出したりすることで、体の中の水の量を調整しているんだよ。

❹㋐ 植物は日光が当たると、酸素と養分をつくり出すことができるんだよ。

❺㋑ 植物が酸素をつくり出してくれているおかげなんだよ。

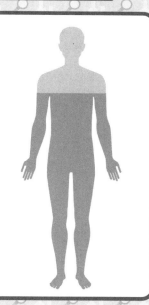
3

わたしたちの体重のうち、水がしめる
割合は何%くらい？

- ア 約20%
- イ 約40%
- ウ 約60%

人の体には、たくさんの水がふくまれているんですよ〜

4

日光が当たっているとき、植物は体の中に二酸化炭素をとり入れて、□を体の外に出している。□に入るのはどれ？

- ア 酸素
- イ ちっ素
- ウ 養分
- エ 声

5

生物が呼吸をしたり、ものを燃やしたりしても、空気中の酸素がなくならないのは何のおかげ？

- ア 動物
- イ 植物
- ウ 太陽

★314ページのこたえ

❶イ 池の中にいるミジンコは、メダカなどに食べられているんだよ。
❷ウ 動物の食べ物をたどっていくと、日光が当たって養分をつくることができる植物にたどりつくんだよ。

理科

6年

理科 6年 ステップアップ

月と太陽／土地のつくり

1

れき、砂、どろを混ぜたものと水を空きびんの容器に入れてよくふったよ。しばらく静かに置いたときの、積もり方はどれ？

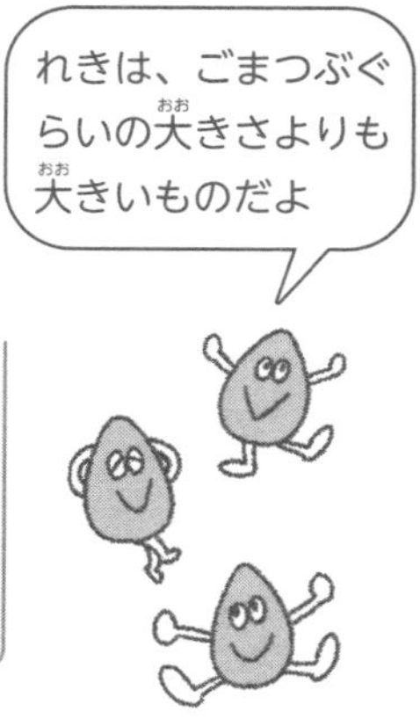

れきは、ごまつぶぐらいの大きさよりも大きいものだよ

㋐ ㋑ ㋒

水
どろ
砂
れき
水
れき、砂、どろが混ざったもの
水
れき
砂
どろ

2

火山のふん火でふき出された火山灰をけんび鏡で見たよ。火山灰のようすはどれ？

㋐ ガラスのようなつぶが多く、その角はどれもとがっていた。
㋑ 細かいつぶのねん土がかたまって岩石になっていた。
㋒ 砂のつぶがかたまって岩石になっていた。

★317ページのこたえ

❸㋑ 地球から見た㋑の月は、欠けがなく全面が明るく見えるんだよ。
❹㋒ 約30日で、満月→半月→新月→半月→満月という変化をくり返すよ。
❺㋐ 月が太陽と地球の間に入ると、月に太陽がかくされて日食になるよ。

3

右の図は、地球上の人と太陽、月の位置を表しているよ。
満月が見えるのは、
㋐～㋓のうち、
どの位置かな？

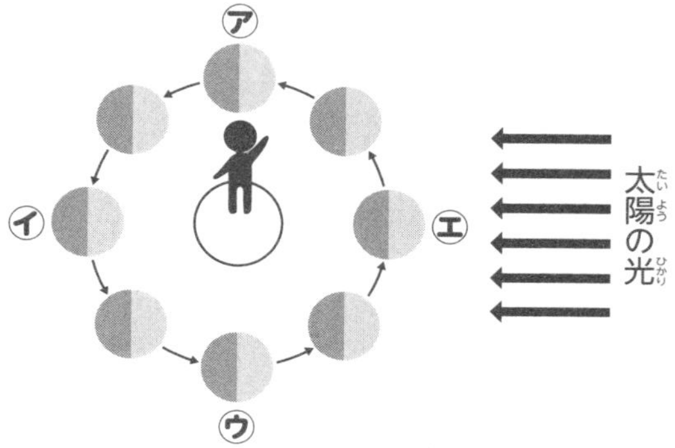

4

月の形が、満月から次の満月にもどるまでにかかるのはどれくらい？

㋐ 約１週間　㋑ 約２週間
㋒ 約30日　㋓ 約60日

5

太陽が月にさえぎられて見えなくなることを日食と言うよ。このとき、地球と太陽、月が一直線にならぶ順はどれ？

㋐ 太陽－月－地球　㋑ 太陽－地球－月
㋒ 地球－太陽－月

★316ページのこたえ

❶㋐ 小さなつぶほど水に動かされやすいのでしずみにくいんだ。だから、下のほうかられき、砂、どろの順にしずんで層になるんだよ。
❷㋐ ㋑はでい岩、㋒は砂岩だよ。

テンションが上がる おもしろ勉強法を教えて〜②

成績がいい友だちに勉強法を教えてもらったけれど、ぼくには合わない みたい。どうすれば、自分に合った勉強法を見つけられるかな??

自分の性格や勉強タイプを知ろう！

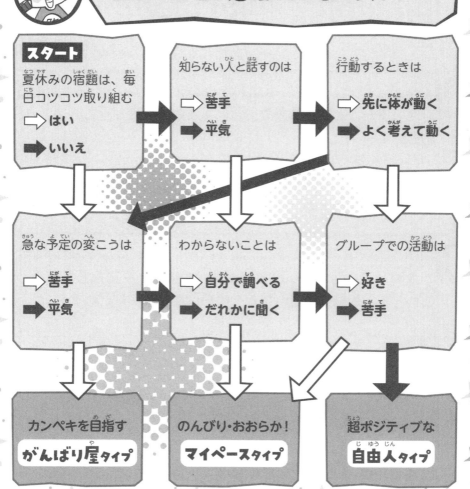

スタート

夏休みの宿題は、毎日コツコツ取り組む
⇨ はい
➡ いいえ

知らない人と話すのは
⇨ 苦手
➡ 平気

行動するときは
⇨ 先に体が動く
➡ よく考えて動く

急な予定の変こうは
⇨ 苦手
➡ 平気

わからないことは
⇨ 自分で調べる
➡ だれかに聞く

グループでの活動は
⇨ 好き
➡ 苦手

カンペキを目指す
がんばり屋タイプ

のんびり・おおらか！
マイペースタイプ

超ポジティブな
自由人タイプ

タイプ別オススメ勉強法は、これだ！

がんばり屋タイプ
合言葉は「半分以上できた」！
解ける問題から先にチャレンジ

まちがいや苦手な問題が気になって先に進めないキミ！　最初から何でもカンペキにできる人はいないよ。まずは「半分以上できた！」を目指して、どんどん問題を解いていこう。まちがえたところは後でまとめて復習すると、効率アップだよ！

マイペースタイプ
まんべんなく勉強する計画を立てて！
好きな教科だけ熱心に勉強していない？

苦手な教科もしっかり勉強すれば、他にも興味のあることや意外な得意分野が見つかるかもしれないよ。1週間の勉強計画を立てるときは、学校の教科をまんべんなく入れることを忘れずに！

1週間

スキ　ニガテ　スキ　ニガテ　スキ　スキ　スキ

自由人タイプ
遊ぶ前に、まず勉強しよう！

チラッ

00:00

勉強より遊びに夢中になっちゃうキミは、遊ぶ前に、まず勉強する時間をつくろう。後に楽しみが待っていたほうが、集中して勉強に取り組めるよ。あきっぽいところがあるので、「宿題を15分したらマンガを10ページ読む」といったルールを決めてもいいね。

学習環境を見直して集中力アップ

机や部屋を整とんしよう！

集中できる部屋づくりにチャレンジ！

㋐ 見やすい場所に時間割や目標を
はって、やる気をアップ！

㋑ 部屋が暗くなったら、
ライトをつけよう。

㋒ 時計を置いて、
時間を意識！

㋓ 辞書や教科書などは、
すぐに使える場所に！

㋔ 文ぼう具や勉強に使う道具は、まとめて使いやすい場所に入れておこう！

㋕ 勉強に必要なもの以外は散らかさないようにしよう。特に、マンガやゲームなどは目につく場所に置かないこと！

英語

アルファベットからあいさつの表現まで、英語の基本を学べるクイズだよ。解きながら、英語力をアップさせよう。

小文字ってやっかい！

次の2つの単語を小文字で4線上に書いてみよう。

(1) BIRD

(2) PIG

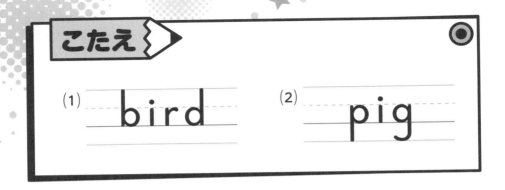

こたえ

(1) **bird**　(2) **pig**

かいせつ

　小文字は、字の大きさが大文字にくらべて小さく、b と d、p と q のにた字のちがいがわかりづらい。それに j と i の点をわすれるまちがいも多いから注意しよう。

　小文字には文字の高さが 3 しゅるいあるから、まちがえないようにしよう。

よくあるまちがい

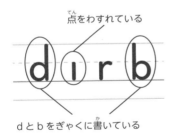

点をわすれている

d と b をぎゃくに書いている

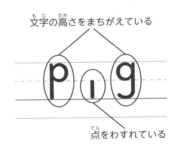

文字の高さをまちがえている

点をわすれている

あっ…
わたし、よくあるまちがいしちゃった……

324

小文字をマスターするには、4線のノートで書く練習をすることが大事だよ。そして、小文字の高さをしっかりおぼえよう！

アルファベットの小文字

1階だての文字

a c e i m n o r

s t u v w x z

2階だての文字

b d f h k l

地下1階だての文字

g j p q y

ぼくは、うちと同じ2階だての小文字から見直そうかな

大文字

1

次の6まいのカードを組み合わせると、3つの大文字ができるよ。
正しい組み合わせはどれ？

ア　O、M、P
イ　Q、W、R
ウ　C、M、P

2

「q」の大文字はどれ？

ア　Q　　イ　G　　ウ　P　　エ　B

★327ページのこたえ

❸ウ Q、R、Sのじゅんだから、Rが入るよ。
❹ウ V、W、Xのじゅんだから、Wが入るよ。
❺エ Merryの「M」がこたえだよ。

0

3 □に入る大文字はどれ？

… Q → □ → S …

㋐ O ㋑ P ㋒ R ㋓ T

4 □に入る大文字はどれ？

… V → □ → X …

㋐ M ㋑ N ㋒ W ㋓ U

5 グリーティングカードをつくっているよ。
□に入る大文字はどれ？

㋐ P
㋑ H
㋒ L
㋓ M

□erry Christmas

このカードのメッセージは「すてきなクリスマスを」や「クリスマスおめでとう」って意味だよ

★ **326ページのこたえ**

❶㋐ 大文字の「O」と「Q」や、「P」と「R」をまちがえないようにしよう。

❷㋐ 小文字の「q」は、小文字の「g」「p」「b」「d」と形がにているので注意しよう。

あいさつ

1 「アメリカ」を表す単語はどれ？

㋐ China
㋑ America
㋒ India

2 「韓国」を表す単語はどれ？

㋐ Korea
㋑ Germany
㋒ Kenya

★329ページのこたえ

❸㋒ ㋐は「さようなら。」、㋑は「またね。」だよ。
❹㋐ ㋑は「キョウコ」、㋒は「ケンタ」と名乗っているよ。
❺㋑ ㋐は「韓国出身」、㋒は「中国出身」と言っているよ。

学習した日 ／　／　／

3

「こんにちは。」という意味の英文はどれ？

㋐ Good bye.

㋑ See you.

㋒ Hello.

4

「わたしの名前はケンです。」という意味の英文はどれ？

㋐ I’m Ken.

㋑ I’m Kyoko.

㋒ I’m Kenta.

5

「わたしは日本出身です。」という意味の英文はどれ？

㋐ I’m from Korea.

㋑ I’m from Japan.

㋒ I’m from China.

★328ページのこたえ

❶㋑ 国の名前の頭文字はかならず大文字で書くよ。China は「中国」、India は「インド」だよ。

❷㋐ Korea は「韓国」、Germany は「ドイツ」、Kenya は「ケニア」だよ。

何がすき?

1

「青色」という意味の単語はどれ?

ア　blue
イ　green
ウ　pink
エ　red

2

「茶色」という単語のカードをつくるよ。□にあてはまるのはどれ?

ア　a
イ　b
ウ　c
エ　d

□rown

★331ページのこたえ

❸ウ　「黄色がすきですか?」と聞かれて、「はい、すきです。」とこたえているよ。

❹ア　楽しそうに泳いでいるから、swimming(水泳)がすきだとわかるね。

❺イ　pizza は「ピザ」、cheese は「チーズ」、sushi は「すし」、milk は「牛にゅう」だよ。

3

2人の会話を読んで、正しいものを1つえらぼう。

㋐ 先生は黄色がすき。
㋑ 先生は黄色がきらい。
㋒ さつきさんは黄色がすき。
㋓ さつきさんは黄色がきらい。

Do you like yellow?

Yes, I do.

先生　　　　さつきさん

4

次の絵を表す英文はどれ？

㋐ I like swimming.
㋑ I like volleyball.
㋒ I like baseball.
㋓ I like table tennis.

5

次の絵を表す英文はどれ？

㋐ I like pizza.
㋑ I like cheese.
㋒ I like sushi.
㋓ I like milk.

★330ページのこたえ

❶㋐ blue は「青色」、green は「緑色」、pink は「ピンク色」、red は「赤色」だよ。
❷㋑ 「茶色」は英語で brown だよ。

英語

3年

331

数字／ジェスチャー

1

数字を1から4のじゅん番で書いたものはどれ？

㋐ four、three、two、one
㋑ two、four、one、four
㋒ one、two、three、four
㋓ three、four、one、two

2

「5」という単語のカードをつくるよ。□にあてはまるのはどれ？

㋐ f
㋑ e
㋒ s
㋓ t

★333ページのこたえ

❸㋒ しつ問は「リンゴは何こですか？」だよ。
❹㋐ ㋐は「いいアイデアですね。」という意味だよ。
❺㋐ Monday（月曜日）と Wednesday（水曜日）の間は Tuesday（火曜日）だよ。

学習した日 ／ ／ ／

3 次のしつ問のこたえはどれ？

How many apples?

㋐ two　㋑ eleven
㋒ twelve　㋓ twenty

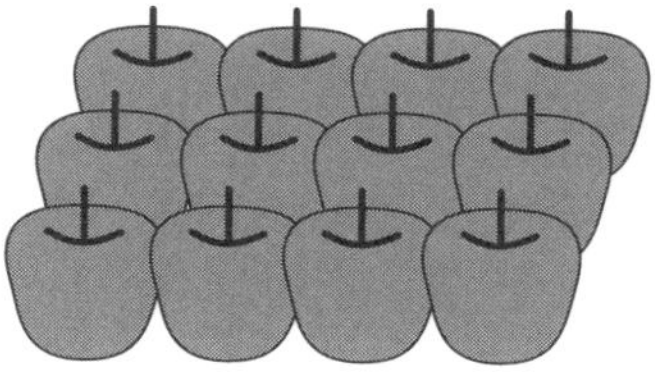

4 ジェスチャーが意味しているのはどれ？

㋐ Good idea!　㋑ I don't know.
㋒ Me?　㋓ Come here.

5 Monday と Wednesday の間は何曜日？

㋐ 火曜日　㋑ 水曜日
㋒ 木曜日　㋓ 金曜日

★332ページのこたえ

❶㋒ 1～10は、one、two、three、four、five、six、seven、eight、nine、ten だよ。

❷㋐「5」は英語で five だよ。

これは何かな？

1

次の英語のしつ問に正しくこたえている英文はどれ？

What's this?

ア It's an apple.
イ It's a banana.
ウ It's a peach.
エ It's an orange.

2

次の英語のしつ問に正しくこたえている英文はどれ？

What's this?

ア It's an elephant.
イ It's a mouse.
ウ It's a cow.
エ It's a cat.

★335ページのこたえ

❸イ elephant は「ゾウ」、lion は「ライオン」だよ。
❹ウ dog は「イヌ」、panda は「パンダ」、bird は「鳥」、monkey は「サル」だよ。
❺エ tomato は「トマト」、onion は「タマネギ」、carrot は「ニンジン」だよ。

❸

次の英語のしつ問に正しくこたえている英文はどれ？

What's this?

ⓐ　It's a mouse.
ⓘ　It's an elephant.
ⓦ　It's a cat.
ⓔ　It's a lion.

❹

次の英語のしつ問に正しく
こたえている英文はどれ？

What's this?

ⓐ　It's a dog.　　ⓘ　It's a panda.
ⓦ　It's a bird.　　ⓔ　It's a monkey.

❺

「キュウリ」はどれ？

ⓐ　tomato
ⓘ　onion
ⓦ　carrot
ⓔ　cucumber

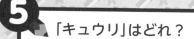

★334ページのこたえ

❶ⓦ　apple は「リンゴ」、banana は「バナナ」、peach は「モモ」、orange は「オレンジ」だよ。

❷ⓦ　elephant は「ゾウ」、mouse は「ネズミ」、cow は「ウシ」、cat は「ネコ」だよ。

英語

3年

英語 3年　チャレンジ

あなたはだれ？

1

「あなたはだれ？」という日本語を英語にするとき、□にあてはまる単語はどれ？

□ are you?

㋐ How　　㋑ Who　　㋒ When

2

次の英文の□にあてはまる単語はどれ？

This animal is a □.

㋐ dog
㋑ fox
㋒ horse
㋓ cat

★337ページのこたえ

❸㋐ monkey は「サル」、dragon は「竜」、snake は「ヘビ」、sheep は「ヒツジ」という意味だよ。

❹㋐ rabbit は「ウサギ」、tiger は「トラ」、sheep は「ヒツジ」、bear は「クマ」だよ。

❺㋐ red は「赤色」、round は「丸い」という意味だよ。

3 絵に合う単語はどれ？

㋐ monkey　㋑ dragon
㋒ snake　㋓ sheep

4 絵に合う単語はどれ？

㋐ rabbit　㋑ tiger
㋒ sheep　㋓ bear

5 次の英文が表しているものはどれ？

This vegetable is red. It’s round.

㋐ tomato　㋑ orange
㋒ melon　㋓ carrot

★336ページのこたえ

❶㋑ who は「だれ」という意味だよ。
❷㋓ cat は「ネコ」という意味だよ。

英語 4年 オモシロ問題
英語のあいさつを覚えちゃおう

日本語と同じ意味の英文を選んで、線で結んでみよう。

さようなら　　・　　　　・　Good morning.

やぁ・こんにちは　・　　　　・　Bye.

おやすみ　　・　　　　・　Good night.

おはよう　　・　　　　・　Hi.

自分の名前を入れて、英文を完成させよう。

（例）I'm Tanaka Ben.

I'm _____

英語

4年

339

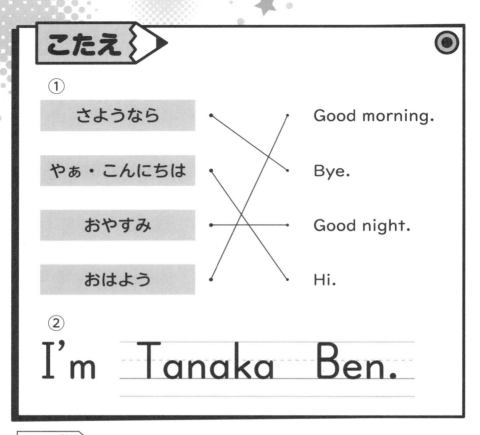

こたえ

①

さようなら —— Good morning.

やぁ・こんにちは —— Bye.

おやすみ —— Good night.

おはよう —— Hi.

②

I'm Tanaka Ben.

かい説

①おはようは「Good morning」、おやすみは「Good night」だよ。2つ合わせて覚えよう！

さようならは「Bye」や「Good bye」、やぁ・こんにちはは、「Hi」や「Hello」だよ。

②日本名を英語で書くときは、「姓＋名」もしくは「名＋姓」の順で書こう。英語を使う国では「名＋姓」の順の国が多いから、日本名を書くときも「名＋姓」でも OK だよ。

> 姓と名の最初の文字を大文字にするのをわすれずに

I'm Tanaka Ben.

英語でよく使われる「Hi」に注目！

英語の教科書などでは、こんにちはのあいさつで「Hello」を使っているのをよく見るけれど、会話では「Hi」が使われることが多いんだ。「Hello」は少しかしこまった表げんだからだよ。

ここだけの話だけど……、大人の人も「Hi」がよく使われているって知らないんだよね〜。わたしも最近使うようになったんだ

へーっ。
「Hi」を使えるとワンランクアップだね★

名前を言えるようになろう！

名前を言うときは、I'm+ 自分の名前 だよ。

「My name is 〜」じゃないのって思う人もいるかもしれないね。「My name is 〜」と「I'm 〜」は同じような意味なんだけど、「I'm 〜」は「わたしは〜だよ」といったカジュアルな表現で、「My name is 〜」よりも使われることが多い表現なんだ。

日じょう会話だと「I'm 〜」で言うほうが、一般的だから「I'm 〜」をどんどん使ってみよう！

英語 4年　チャレンジ

小文字

1

絵の中にアルファベットはいくつかくれている？

㋐ 1つ

㋑ 2つ

㋒ 3つ

㋓ 4つ

2

大文字と小文字の組み合わせで**まちがっているの**はどれ？

㋐ A、a　㋑ B、d　㋒ M、m　㋓ R、r

★343ページのこたえ

❸㋒ a、b、c、d、e、f、gだから、eが入るよ。

❹㋓ h、i、j、k、l、m、nだから、iが入るよ。

❺㋒ 小文字の「d」と「b」は形がにているので注意しよう。

3

□に入る小文字はどれ？

… d → □ → f …

㋐ h　㋑ c　㋒ e　㋓ g

4

□に入る小文字はどれ？

… h → □ → j …

㋐ g　㋑ q　㋒ l　㋓ i

5

次の6まいのカードを組み合わせると3つの小文字ができるよ。正しい組み合わせはどれ？

㋐　x、w、b
㋑　v、m、b
㋒　y、w、d

英語 4年

★342ページのこたえ

❶㋓ 左から s、p、y、o がかくれているね。
❷㋑ B の小文字は b、d は D の小文字だよ。

あいさつ

1

「じゃあね。」という意味の英文はどれ？

- ㋐　Hello.
- ㋑　Thank you.
- ㋒　Hi.
- ㋓　Bye.

2

「わたしはサッカーが好きです。」という意味の英文はどれ？

- ㋐　like volleyball.
- ㋑　I like baseball.
- ㋒　I like table tennis.
- ㋓　I like soccer.

★345ページのこたえ

❸㋑ strawberries は「イチゴ」、dog は「イヌ」、peach は「モモ」だよ。
❹㋐ music は「音楽」、tennis は「テニス」、swimming「水泳」という意味だよ。
❺㋑ ㋐は「なるほど。」、㋒は「とてもよい。」、㋓は「それはすばらしい。」という意味だよ。

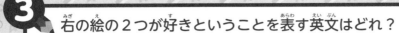

❸ 右の絵の2つが好きということを表す英文はどれ？

㋐ I like strawberries. I like dogs, too.
㋑ I like apples. I like cats, too.
㋒ I like apples. I like peaches, too.

❹ 絵に合っている英文はどれ？

㋐ I like music.
㋑ I like tennis.
㋒ I like swimming.

❺ 「本当ですか？」という意味の英文はどれ？

㋐ I see. ㋑ Really?
㋒ Very good. ㋓ That's great.

英語 4年

★344ページのこたえ

❶㋓ ㋐、㋒は「こんにちは。」、㋑は「ありがとう。」だよ。
❷㋓ volleyball は「バレーボール」、baseball は「野球」、table tennis は「卓球」という意味だよ。

345

英語 4年　チャレンジ

好きな遊び／天気

1 絵の遊びを英語で表したものはどれ？

㋐ play tag
㋑ play cards
㋒ play bingo
㋓ play dodgeball

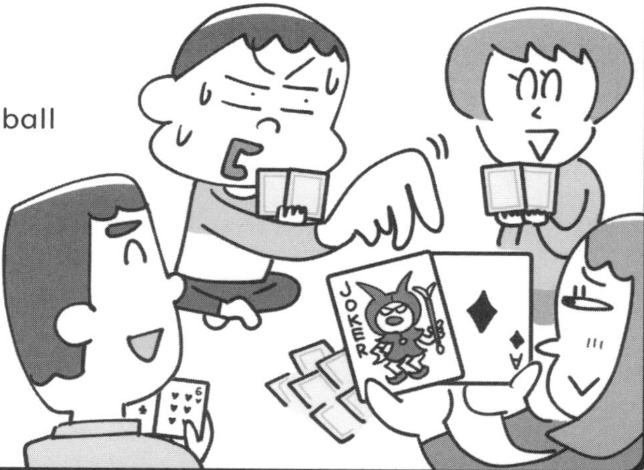

2 雪だるまを英語で表したものはどれ？

㋐ doll　　㋑ ice cream
㋒ snowman

★347ページのこたえ

❸㋒ ㋑は「これはいくらですか？」、㋓は「あなたは何歳ですか？」という意味だよ。
❹㋓ ㋐は「雨の」、㋑は「くもりの」、㋒は「雪の」という意味だよ。
❺㋐ 「晴れのち雨」は sunny then rainy や sunny and rainy later と言うよ。

学習した日 ／ ／ ／

3 天気をたずねる英文はどれ？

㋐ How are you?　㋑ How much is this?

㋒ How's the weather?　㋓ How old are you?

4 絵の天気を表す単語はどれ？

㋐ rainy　㋑ cloudy

㋒ snowy　㋓ sunny

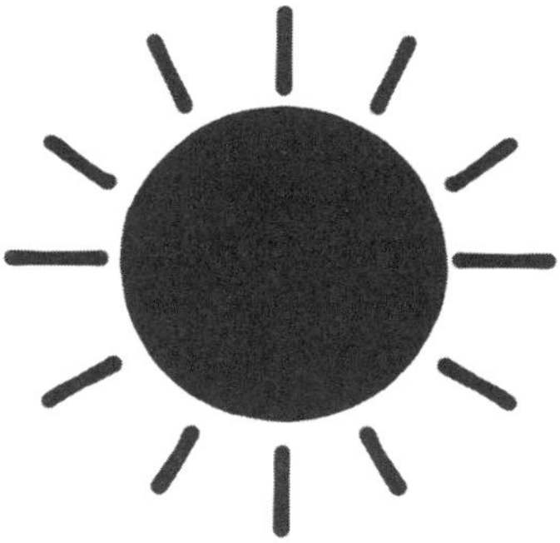

5 絵の天気を表す単語はどれ？

㋐ rainy　㋑ cloudy

㋒ snowy　㋓ sunny

英語 4年

★346ページのこたえ

❶㋑ ㋐は「おにごっこ」、㋒は「ビンゴ」、㋓は「ドッジボール」という意味だよ。

❷㋒ ㋐は「人形」、㋑は「アイスクリーム」という意味だよ。

英語 4年 チャレンジ

曜日

1

「今日は何曜日ですか？」という意味の英文はどれ？

㋐ What's this?
㋑ When is your birthday?
㋒ What day is it today?
㋓ What's the weather like today?

2

次の曜日の中で、土曜日はどれ？

㋐ Wednesday
㋑ Saturday
㋒ Friday
㋓ Monday

★349ページのこたえ

3 ㋐ ㋑は「木曜日」、㋒は「火曜日」、㋓は「水曜日」だよ。
4 ㋓ ㋐は「英語」、㋑は「水泳」、㋒は「テレビ」、㋓は「ピアノ」だよ。
5 ㋓ ㋐は「スープ」、㋑は「サンドイッチ」、㋒は「きのこ」、㋓は「魚」だよ。

学習した日 ／ ／ ／

3

次の曜日の中で、日曜日はどれ？

㋐ Sunday　㋑ Thursday
㋒ Tuesday　㋓ Wednesday

4

下の予定表を見てこたえよう。火曜日の予定はどれ？

Monday	Tuesday	Wednesday	Thursday	Friday

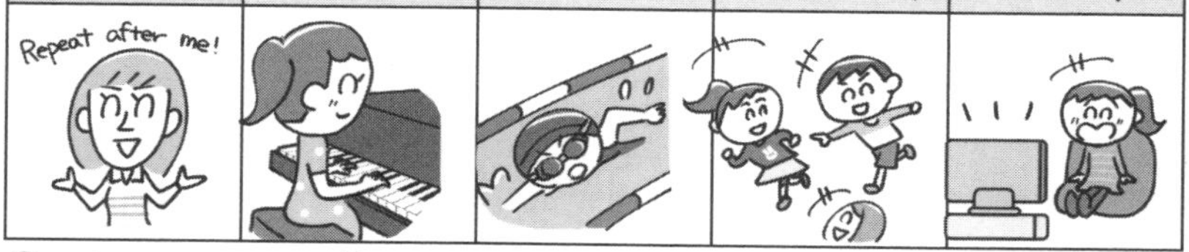
Repeat after me!

㋐ English　㋑ swimming　㋒ TV　㋓ piano

5

下の給食の予定表を見てこたえよう。水曜日のメニューはどれ？

Monday	Tuesday	Wednesday	Thursday	Friday

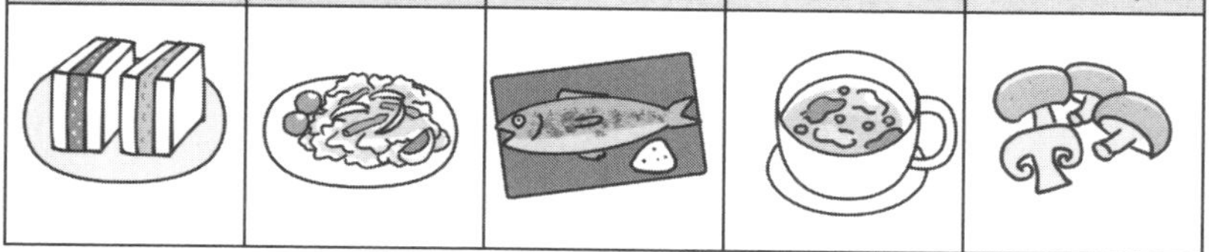

㋐ soup　㋑ sandwich　㋒ mushroom　㋓ fish

★348ページのこたえ

❶㋒ day には「曜日」の他に「日、昼間」という意味があるよ。
❷㋑ ㋐は「水曜日」、㋒は「金曜日」、㋓は「月曜日」だよ。

時間

1 「何時ですか？」という意味の英文はどれ？

㋐ Where are you from?

㋑ What time is it?

㋒ When is your birthday?

㋓ How are you?

2 時計の時こくを正しく表した英文はどれ？

㋐ It's three.

㋑ It's four.

㋒ It's five.

㋓ It's six.

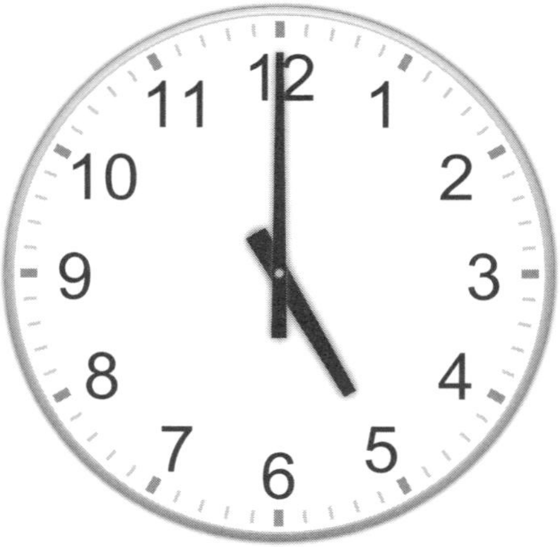

★351ページのこたえ

❸㋑ ㋐は「午前」を表すよ。「 . 」2つをわすれないようにしよう。

❹㋒ ㋐は「5時」、㋑は「6時」だよ。

❺㋑ ㋐は「9時」、㋒は「11時」、㋓は「12時」だよ。

3 午後を表すのはどれ？

ア　a.m.　　イ　p.m.

4 「わたしは午後7時に勉強します。」という日本語を英語にするとき、□にあてはまる単語はどれ？

I study at □ p.m.

ア　five　　イ　six　　ウ　seven

5 「わたしのお気に入りの時間は午後3時です。」という日本語を英語にするとき、□にあてはまる単語はどれ？

My favorite time is □ p.m.

ア　nine　　　イ　three
ウ　eleven　　エ　twelve

英語

4年

★350ページのこたえ

❶イ　ウは「たん生日はいつですか？」という意味だよ。
❷ウ　アは「3時」、イは「4時」、エは「6時」だよ。

文ぼう具

1

絵に合う単語はどれ？

㋐ pen

㋑ calendar

㋒ notebook

㋓ stapler

2

絵に合う単語はどれ？

㋐ scissors

㋑ ruler

㋒ magnet

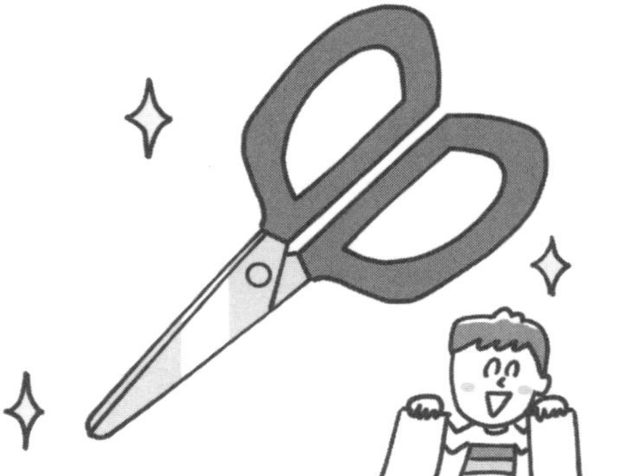

★353ページのこたえ

❸㋐ eraser は「消しゴム」という意味だよ。

❹㋒ ㋒は「わたしはものさしを持っていません。」という意味だよ。

❺㋑ ㋑は「わたしはのりを持っています。」という意味だよ。

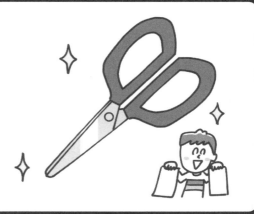

3

男の子が次のしつ問にこたえているよ。絵のふきだしにあてはまる英文はどれ？

Do you have an eraser?

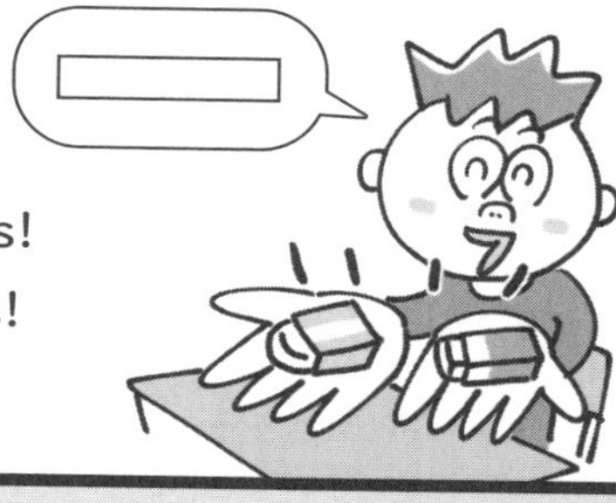

㋐ Yes, I do. Look! two erasers!

㋑ Yes, I do. Look! two pencils!

㋒ No, I don't.

4

右のペンケースを見て、合っていない文はどれ？

㋐ I have a pencil.

㋑ I have two pens.

㋒ I don't have a ruler.

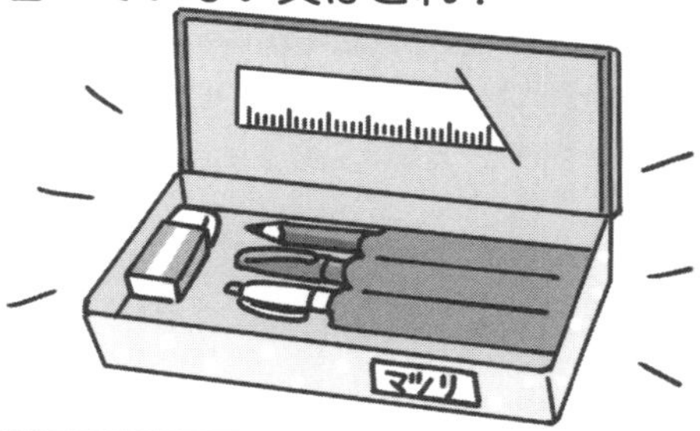

5

右のペンケースを見て、合っている文はどれ？

㋐ I have a stapler.

㋑ I have a glue stick.

㋒ I have a magnet.

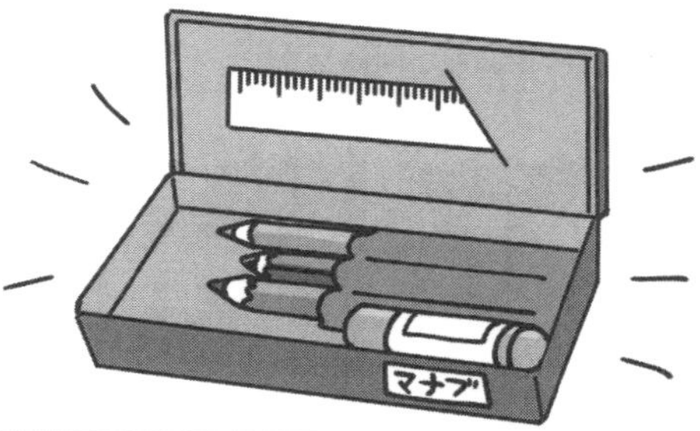

★352ページのこたえ

[1]㋒ ㋐は「ペン」、㋑は「カレンダー」、㋓は「ホチキス」だよ。

[2]㋐ ㋑は「ものさし」、㋒は「じしゃく」だよ。

英語 4年　チャレンジ

お気に入りの場所のしょうかい

1

「ここがわたしのお気に入りの場所です。」という日本語を英語にするとき、□にあてはまる単語はどれ？

This is my □ place.

㋐ good　㋑ favorite　㋒ short　㋓ long

2

絵の場所に合う語句はどれ？

㋐ music room
㋑ playground
㋒ gym
㋓ library

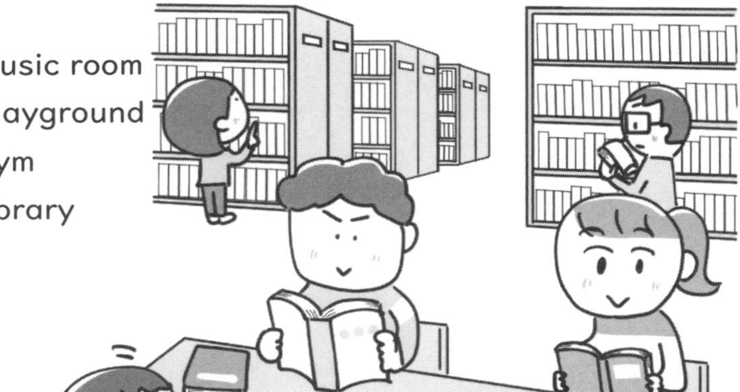

★355ページのこたえ

❸㋑ ㋐は「昼食室」、㋒は「教室」、㋓は「パソコン室」という意味だよ。
❹㋓ ㋐は「理科室」、㋑は「体育館」、㋒は「調理実習室」という意味だよ。
❺㋑ ㋑は「わたしはランチタイムが好きです。」、㋐は「音楽が好きです。」、㋒は「スポーツが好きです。」という意味だよ。

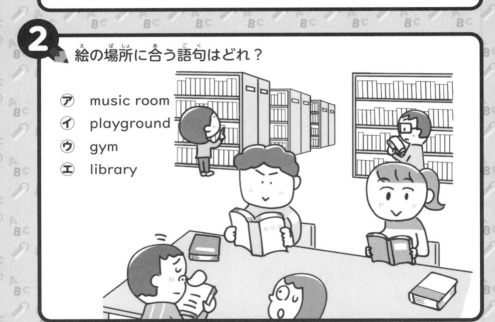

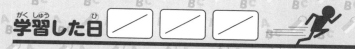

3 絵の場所に合う語句はどれ？

㋐ lunch room
㋑ music room
㋒ classroom
㋓ computer room

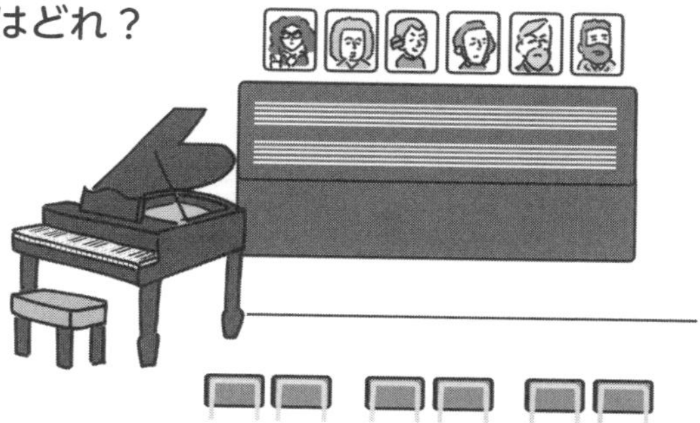

4 絵の場所に合う語句はどれ？

㋐ science room
㋑ gym
㋒ cooking room
㋓ playground

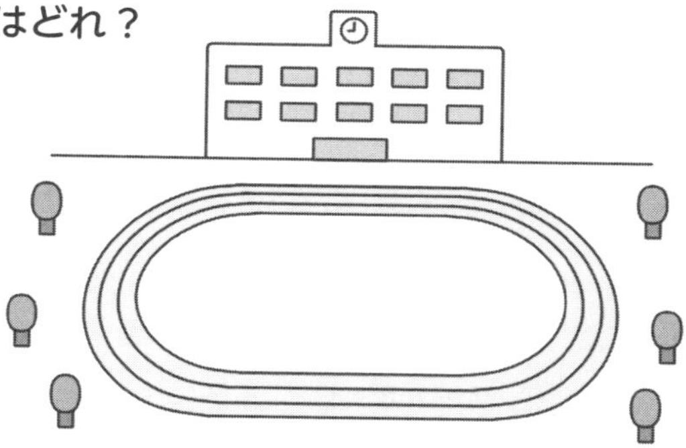

5 絵に合う英文はどれ？

㋐ I love music.
㋑ I love lunch time.
㋒ I love sports.

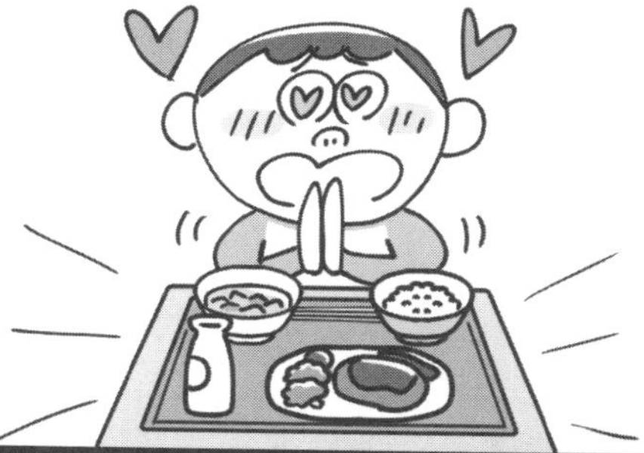

★354ページのこたえ

❶㋑ favorite は「お気に入りの」という意味だよ。
❷㋓ ㋐は「音楽室」、㋑は「運動場」、㋒は「体育館」、㋓は「図書室、図書館」だよ。

わたしの1日

1 絵のふきだしにあてはまるものはどれ？

ⓐ Hello.

ⓘ Hi.

ⓦ Good morning.

ⓔ How are you?

2 絵のふきだしにあてはまるものはどれ？

ⓐ I brush my teeth.

ⓘ I'm sleepy.

ⓦ I wake up.

ⓔ I'm hungry.

★357ページのこたえ

❸ⓔ ⓘは「わたしは朝食を食べます。」、ⓔは「また会いましょう。」という意味だよ。

❹ⓘ do は「する」、my は「わたしの」、homework は「宿題」という意味だよ。

❺ⓘ 「おいしい」は、delicious や tasty とも言うよ。

3

絵のふきだしにあてはまるものはどれ？

ア I'm hungry.

イ I have breakfast.

ウ Good morning.

エ See you later.

4

絵のようすを表す英文はどれ？

ア I go to school.

イ I do my homework.

ウ I eat dinner.

エ I play soccer.

5

「yummy」の意味はどれ？

ア まずい　　イ おいしい

英語

4年

★356ページのこたえ

❶ウ ウは「おはよう。」という意味だよ。

❷ア アは「わたしは歯をみがきます。」という意味だよ。

名前／月

1

日本名を正しく英語で書けているのはどれ？

ア suzuki ken

イ Suzuki ken

ウ suzuki Ken

エ Suzuki Ken

2

絵のふきだしにあてはまるものはどれ？

ア Good morning.

イ Here you are.

ウ How are you?

エ See you later.

Thank you.

かたたたき けん

★ 359ページのこたえ

❸イ April は「4月」という意味だよ。月は大文字で書き始めるよ。

❹ア January「1月」と March「3月」の間だから February「2月」が入るよ。

❺イ 短く書くと「7月」は Jul.「9月」は Sep.「10月」は Oct. だよ。

3 「4月」を英語で表したものはどれ？

　ア　January　　イ　April

　ウ　August　　エ　December

4 □にあてはまるのはどれ？

January →□→ March …

　ア　February　　イ　May

　ウ　June　　エ　July

5 Aug. は何月を短く書いたもの？

　ア　7月　　イ　8月

　ウ　9月　　エ　10月

★358ページのこたえ

❶エ　日本名を英語で表すとき、姓→名でも名→姓の順番でもいいよ。姓も名も最初の文字は大文字だよ。

❷イ　イは「どうぞ。」という意味だよ。

英語 5年 ステップアップ

教科と職業

1

home economicsの意味はどれ？

㋐ 理科
㋑ 英語
㋒ 図工
㋓ 家庭科

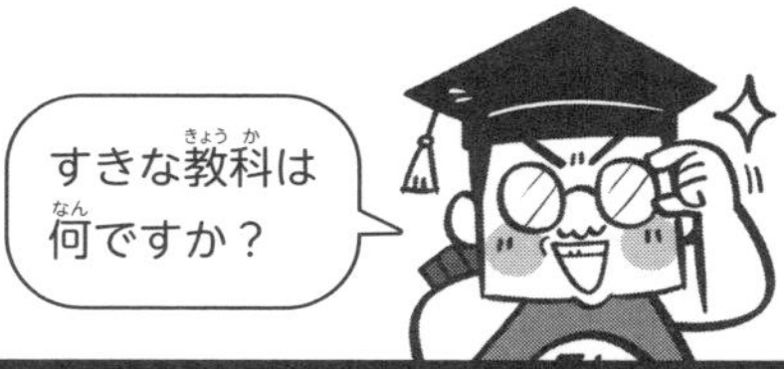

2

「わたしは先生になりたいです。」という日本語を英語にするとき、＿＿にあてはまる単語はどれ？

I want to be a ＿＿.

㋐ teacher
㋑ pianist
㋒ scientist
㋓ singer

★361ページのこたえ

❸㋑ ㋐は「英語」、㋒は「音楽」、㋓は「算数、数学」という意味だよ。
❹㋑ P.E. の意味は「体育」で、physical education を短くしたものだよ。
❺㋓ ㋑は「はじめまして。」や「よろしくお願いします。」という意味だよ。

3

「わたしは理科を学びたい。」という日本語を英語にするとき、□にあてはまる単語はどれ？

I want to study □.

- ㋐ English
- ㋑ science
- ㋒ music
- ㋓ math

4

P.E. の意味はどれ？

- ㋐ 宇宙人
- ㋑ 体育
- ㋒ 午前
- ㋓ 午後

5

「がんばってね。」という意味の英文はどれ？

- ㋐ How are you?
- ㋑ Nice to meet you.
- ㋒ Thank you.
- ㋓ Good luck!

英語

5年

★360ページのこたえ

❶㋓ home は「家」、economics は「経済学」という意味だよ。

❷㋐ want to be〜 は「〜になりたい」という意味だよ。

さがしもの／家族を表す言葉

1 ふきだしの質問のこたえはどれ？

Where is my book?

- ㋐　It's on the table.
- ㋑　It's under the table.
- ㋒　It's on the bed.
- ㋓　It's under the bed.

2 ふきだしの質問のこたえはどれ？

- ㋐　It's on the table.
- ㋑　It's by the table.
- ㋒　It's on the bed.
- ㋓　It's by the bed.

Where is my bag?

★ 363ページのこたえ

❸㋑ cook は「料理する」、skate は「スケートをする」という意味だよ。

❹㋒ father は「お父さん」、grandfather は「祖父」という意味だよ。

❺㋑ mother は「お母さん」、sister は「姉、妹」という意味だよ。

3 ふきだしの質問を英文にするとどれ？

ア Can you run fast?
イ Can you swim fast?
ウ Can you cook well?
エ Can you skate well?

きみは
はやく泳げる？

スイスイー

バシャバシャ

4 「兄、弟」を表す単語はどれ？

ア father　　イ grandfather　　ウ brother

5 「祖母」を表す単語はどれ？

ア mother　　イ grandmother　　ウ sister

英語 5年

★ **362ページのこたえ**

❶ア on ～ は「～の上に」、under ～ は「～の下に」という意味だよ。

❷エ by ～ は「～のそばに」という意味だよ。

363

ABC 英語 6年　ステップアップ

自己しょうかいと人物しょうかい

1

次の2人の会話で、Emily のふきだしにあてはまるのはどれ？

㋐ I like soccer.

㋑ I like summer.

㋒ I like cats.

㋓ I like books.

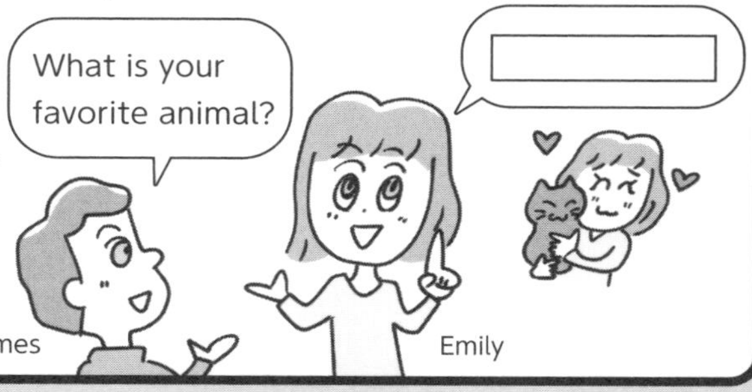
What is your favorite animal?
James
Emily

2

次のスケジュールを見て、質問のこたえにあてはまるのはどれ？

Sunday	Monday	Tuesday	Wednesday	Thursday
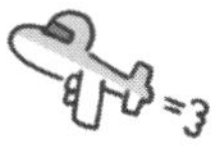			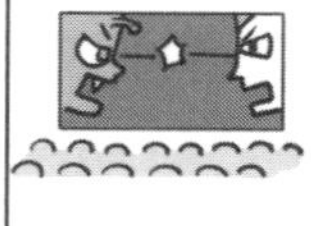	

What do you usually do on Thursdays?

㋐ I usually read books.　㋑ I usually go on a trip.

㋒ I usually study English.　㋓ I usually watch a movie.

★365ページのこたえ

❸㋒ October 11th は「10月11日」だよ。

❹㋒ May 12th は「5月12日」だよ。

❺㋐ ㋐は「わたしの宝物はこのラケットです。」という意味だよ。

❸

Haruto のたん生日は何月何日？

ア　8月11日
イ　9月11日
ウ　10月11日
エ　11月11日

My birthday is
October 11th.

Haruto

❹

フローレンス・ナイチンゲールのたん生日は何月何日？

ア　3月12日
イ　4月12日
ウ　5月12日
エ　6月12日

My birthday is
May 12th.

Florence Nightingale

❺

絵のふきだしと同じ意味の英文はどれ？

わたしの
宝物だよ

ア　My treasure is this racket.
イ　I want a racket.
ウ　I can play tennis well.

英語

6年

★364ページのこたえ

❶ウ favorite は「お気に入りの」、animal「動物」という意味だよ。
❷ア usually は「ふだん、たいてい」という意味だよ。

日常生活／外国とのつながり

1

「手伝うよ。」という意味の英文はどれ？

ア　What would you like?　　イ　I can help you.

ウ　I'm hungry.　　エ　I'm home.

2

ふきだしの□にあてはまる語句はどれ？

ア　Eiffel Tower

イ　Colosseum

ウ　Statue of Liberty

Italy

You can see the □.

★367ページのこたえ

❸イ　ワンガリ・マータイさんは、環境を守る運動を行ったケニアの政治家だよ。

❹ア　イは Japan Heritage、ウは Nobel prize、エは travel agent だよ。

❺イ　アは「すっぱい」、ウは「あまい」という意味だよ。

③

ノーベル平和賞を受賞したワンガリ・マータイさんが感めいを受けた日本語の言葉はどれ？

ア　arigato　　　イ　mottainai

ウ　omakase　　　エ　kawaii

④

World Heritage の意味はどれ？

ア　世界遺産　　　　イ　日本遺産

ウ　ノーベル賞　　　エ　旅行代理店

⑤

「苦い」という意味の単語はどれ？

ア　sour　　イ　bitter　　ウ　sweet

チョコレートのはこによく書かれていますよね……

英語

6年

★366ページのこたえ

❶イ　アは「何がほしいですか？」という意味だよ。

❷イ　イはイタリアの「コロッセウム」だよ。

英語 6年　ステップアップ

思い出と将来の夢

1 絵に合う学校行事は何？

- ㋐　music festival
- ㋑　school trip
- ㋒　sports day
- ㋓　swimming meet

2 「わたしたちは5月に奈良に行きました。」という日本語を英語にするとき、□にあてはまる単語はどれ？

We □ to Nara in May.

㋐　saw　　㋑　went　　㋒　enjoyed

★369ページのこたえ

❸㋐ 「わたしは〜が得意です。」は英語で I'm good at 〜と言うよ。

❹㋐ 「わたしは〜になりたい。」は、英語で I want to be 〜と言うよ。

❺㋒ Yuka は「わたしはテニス部に入りたい。」と言っているよ。

3 「わたしは泳ぐのが得意です。」という日本語を英語にするとき、□にあてはまるのはどれ？

I'm □ at swimming.

㋐ good ㋑ bad ㋒ well

4 Kei が将来なりたいのは何？

㋐ サッカー選手
㋑ バレーボール選手
㋒ 野球選手
㋓ バドミントン選手

I want to be a soccer player.

Kei

5 Yuka が入りたい部活は何？

㋐ バドミントン部
㋑ 陸上部
㋒ テニス部
㋓ バレーボール部

I want to join the tennis team.

Yuka

英語 6年

★368ページのこたえ

❶㋒ sports day は「運動会」という意味だよ。
❷㋑「行きました」は英語で went で、過去を表しているよ。

おなやみ相談室⑤
勉強がどんどんはかどる スゴワザが知りたい！

せっかく部屋を整とんしたのに、一人で机に向かっていても、英単語の暗記とか調べ学習がなかなか終わらないんだ。どうしたらいいの??

勉強する内容によって、場所を変えよう！

問題集をどんどん解きたい！

◎ 静かで姿勢よく座れる場所だと、集中力が続いて、勉強がはかどるよ！

✕ テレビを見たり音楽を聞いたりしながら勉強するのはやめよう。

本をじっくり読みたい！

◎ 一人になれる場所や、余計な物音が聞こえない場所だと、本に集中できるね。

✕ リビングなどは、テレビを見たり家族に話しかけられたりするので、気が散ってしまうよ。

単語や数式を覚えたい！

◎ かべやドアなどに覚えたいことをはったり、呪文のように唱えながら散歩したりしてみよう！

作文や調べ学習をがんばりたい！

◎ 家族がいる場所や図書館だと、わからないことをすぐに質問したり調べたりできるよ。友だちと意見を出し合いながら進めても楽しいね。

勉強の前に部屋や自分の状態をチェック！

1 まずは部屋や机の上を整とん！

マンガやゲームなどは自分から見えない場所にかくして、勉強に使うものだけを、自分が使いやすい位置に並べよう。

2 つかれにくい姿勢で座ろう！

背筋をのばしてイスに深くこしかけよう。机とおなかの間や、背もたれと背中の間は、こぶし一つ分あけてね。かたの力をぬくのも忘れずに！

3 えんぴつを正しく持って、キレイな文字に！

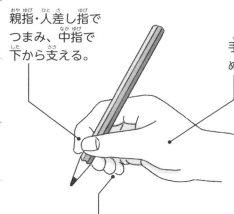

親指・人差し指でつまみ、中指で下から支える。

薬指・小指は中指にそえるだけ！

手の中にたまごが入るイメージで力をぬいて、ふんわり持とう。

⚠ 気をつけよう

指に力を入れすぎていたり、無理な持ち方をしたりしていると、手がつかれるし、変なところにタコができちゃうよ！

もっと勉強が楽しくなる！
便利グッズを使ってみよう！

◆ 7つ道具を用意して勉強スタート！

1 タイマー（ストップウォッチ）

時間を区切って勉強すれば、集中力がアップするよ。問題を解くのにかかる時間もわかるね。

2 ふせん

わからない問題の目印にしたり、気になったことや大事なことをメモしたりして、どんどんはろう。

3 マーカーペン

教科書の大事なところは黄色、まちがえた問題は水色などとルールを決めて、ぬってみよう。

4 カラーペン

赤ペンは丸つけ、青ペンは解き方のポイントなどとルールを決めて使い分けよう。

※どちらもたくさんの色を使いすぎると、要点がわからなくなるので要注意！

5 ノート

マス目付きのノートなら、どの教科にも使えて便利だよ。ノートのサイズによって授業用、復習用などと使い分けても◎。

6 定規（三角定規）

線をまっすぐ引いたり、長さをはかったり、図をかいたりするときに大活やく！

7 えんぴつけずり

えんぴつが丸くなったら、こまめにけずろう。きれいな字が書けて、やる気もアップ！

勉強がいちばんはかどるえんぴつのこさは？

2BやBなどがオススメ。これよりうすいと文字が読みづらくなるんだ。逆に、こすぎると、消しゴムで消すとき余計な時間がかかったり、ノートがやぶけちゃったりするよ

まとめチェック

国語、算数、生活・社会、理科、英語のクイズをがんばったキミ、まとめチェックで復習してみよう！ 選たくしがない問題になっているから、ちょっぴり難しいよ。まとめチェックの問題を解くときは、ノートや紙を用意して、問題番号とこたえを書きながらやってみよう。

マナブさん、マツリさん、とうとうここまで来ましたね。感動です‼

どれだけ正解できるかな～ ドキドキする～

じ、実力を見せつけてやる～‼ なんちゃって……

☐ **1** 文の終わりにつける記号は？

☐ **2** 次の＿＿の言葉と反対の意味の言葉は？
・わたしがもらったアメの数は、兄さんより<u>少ない</u>。

☐ **3** 「これ」「それ」など何かを指し示す言葉をまとめた呼び名は？

☐ **4** 次の＿＿の言葉が係っている言葉は？
・<u>妹の</u>ぼうしが、風に飛ばされて川に落ちた。

☐ **5** 「笑う門には ☐ 来たる」の ☐ に入る言葉は？

☐ **6** 「漁夫の ☐ 」の ☐ に入る言葉は？

☐ **7** 次の文の＿＿の漢字の読み方は？
・熱い湯を　注ぐときには　<u>注意</u>して

☐ **8** ☐にあてはまる漢字は？
・夏休みは、富士山に ☐ る予定だ。

☐ **9** ☐にあてはまる漢字は？
・いとこの結こん式に ☐ が集まる。

☐ **10** 「管」「筆」「節」に共通する部首は？

☐ **11** 次の各文の ☐ に共通して入る言葉は？
・友だちがテストでよい点を ☐ 。　・妹がチョウを ☐ 。
・勉強オジサンがマスクを ☐ 。

☐ ⑫ 次の慣用句の ☐ に共通して入る言葉は？

・ ☐ が棒になる　・ ☐ を引っぱる

・ ☐ をのばす

☐ ⑬ 次の慣用句の ☐ に共通して入る動物は？

・借りてきた ☐ 　・ ☐ なで声　・ ☐ のひたい

☐ ⑭ ☐ に入るつなぎ言葉は？

・勉強オジサンは虫歯になった。 ☐ 、おかしを食べたのに歯

をみがかなかったからだ。

☐ ⑮ ☐ にあてはまる漢字は？

・わたしは、思い切ってかみ型を ☐ えることにした。

☐ ⑯ ☐ にあてはまる漢字は？

・劇の主役は、 ☐☐ を期してクジで選ぶことになった。

☐ ⑰ 次の文の＿＿の漢字の読み方は？

・ぼくは、20点のテストをかくそうと、あれこれ試みた。

☐ ⑱ 特別な読み方をする＿＿の漢字の読み方は？

・迷子を見つけたので、交番に連れて行った。

☐ ⑲ 次の＿＿の敬語の種類は？

・校長先生がこちらにいらっしゃる。

☐ ⑳ ☐ にあてはまる漢字は？

・消費税を ☐ める。

算数のまとめチェック

☐ **❶** □に入る数字はいくつ？

☐ **❷** 午前8時22分にバスに乗り、午前9時12分にバスを降りたよ。バスに乗っていたのは何分間？

☐ **❸** 3×4のこたえは、4×□と同じになるよ。□に入る数字はいくつ？

☐ **❹** 50分と45分を合わせると、何時間何分？

☐ **❺** 5km10m は何m？

☐ **❻** 8本のお花の花束をつくります。お花が50本あるとき、花束はいくつつくれる？

☐ **❼** 1gを何倍すると1kgになる？

☐ **❽** $\frac{2}{7} + \frac{4}{7}$ のこたえは？

☐ **❾** 41×20のこたえは？

⑩ 右の棒グラフは、先週、学校を休んだ人の数を表しているよ。水曜日に休んだ人は何人？

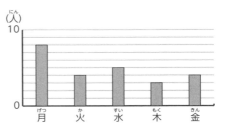

⑪ 25 ÷ 3 = 8 あまり 1 の式で、こたえの 8 を何と言う？

⑫ 476 g を kg で表すと何 kg になる？

⑬ 461834 を千の位で四捨五入した数はいくつ？

⑭ 96 × 7 をくふうして、96 × 7 = (□ − 4) × 7 と計算しようと考たよ。□ に入る数はいくつ？

⑮ $4\frac{3}{4}$ を仮分数になおすといくつ？

⑯ たてが 30 m、横が 80 m の畑の面積は何 a ？

⑰ 生まれたときに 200g だったパンダの赤ちゃんは、今は生後 6 週間で、生まれたときの体重の 1.7 倍になったよ。今の体重は何 g ？

⑱ 2 と 7 の最小公倍数はいくつ？

⑲ 0.372 の割合を、百分率で表すと何 % ？

⑳ 三角形の 3 つの角の大きさの和は何度？

生活・社会のまとめチェック

こたえ…p.382

☐ **1** アラカシ、コナラ、マテバシイ。これは何？

☐ **2** やごは大きくなると何になる？

☐ **3** 図書館で本を探してくれるのはだれ？

☐ **4** 右の地図記号の意味は？

☐ **5** イチゴ農家は、ビニールハウスの中でイチゴの実がなるように、花ふんを運ぶ生き物をはなすことがあるよ。それは何？

☐ **6** 食べ物の工場では、工場に入る前に風が出る機械の部屋を通ることがあるよ。それはどうして？

☐ **7** 早朝や夜おそくにも開いていて、生活に必要なちょっとしたものを買うのに便利な店は？

☐ **8** 119番に電話をかけると、つながるのはどこ？

☐ **9** 事故だ！　何番に通報する？

☐ **10** 2019年5月1日からの「元号」は？

⑪ 都道府県のうち、県の数はいくつある？

⑫ 「緑のダム」って、何のこと？

⑬ むだな買い物をしないなど、ごみになるものを減らすことを何と言う？

⑭ 地震の後、陸地に一気におし寄せる波のことを何と言う？

⑮ 災害ごとにひがいが予想される地域やひなん場所の情報をのせた地図を何と言う？

⑯ 地域をよりよくするために、お手伝いをする人たちを何と言う？

⑰ 宮城県仙台市は、右の国旗の国の都市と国際交流をしているよ。どこの国？

⑱ 日本でもっとも多く米を生産している地方はどこ？

⑲ 熊本県や鹿児島県の八代海沿岸地域で発生した公害病は？

⑳ SDGsは「□□□□開発目標」のことで、将来の人々も豊かに生活を送れる□□□□社会の実現を目指している。□□□□に共通して入る言葉は？

理科のまとめチェック

こたえ…p.383

❶ モンシロチョウを見つけたよ。羽の数は何枚？

❷ こん虫の体は、頭、胸、腹の３つの部分があるよ。あしがついているのはどこ？

❸ 重さ100gのねん土を小さく分けて重さをはかると、重さはどうなる？

❹ 方位磁針のＮ極は、東西南北のどの方位を指す？

❺ 気温を正しくはかるためにつくられた百葉箱の色は？

❻ つつに水を閉じこめて、棒をおすよ。加える力を強くすると、つつの中の体積はどうなる？

❼ 「夏の大三角」を構成する右の図のあの星を何と言う？

❽ 肺や心臓を守る12対24本の骨を何と言う？

❾ 川を流れる水が、地面などをけずることを何と言う？

❿ 空気中の気体のうち、ものを燃やす働きがあるのは？

☐ **1** 「こんにちは。」という意味の英語は？

☐ **2** 「青色」という意味の単語は？

☐ **3** Monday と Wednesday の間は何曜日？

☐ **4** ☐に入る小文字は？

…d → ☐ → f …

☐ **5** 雪だるまを表す英語は？

☐ **6** 「わたしは午後7時に勉強します。」という日本語を英語にする

とき、☐にあてはまる単語は？

I study at ☐ p.m.

☐ **7** 絵に合う単語は？

☐ **8** 「ここがわたしのお気に入りの場所です。」という日本語を英語

にするとき、次の☐に入る単語は？

This is my ☐ place.

☐ **9** Aug. は何月を短く書いたもの？

☐ **10** World Heritage の意味は？

まとめチェックのこたえ

国語

1 まる(。)〔句点〕
2 多い
3 こそあど言葉〔指示語〕
4 ぼうし(が)
5 福
6 利
7 ちゅうい
8 登
9 親族
10 たけかんむり
11 とる〔とった〕
12 足
13 ねこ
14 なぜなら
15 変
16 公正
17 こころ
18 まいご
19 尊敬語
20 納

算数

1 35
2 50分間
3 3
4 1時間35分
5 5010m
6 6つ(束)
7 1000倍
8 $\frac{6}{7}$
9 820
10 5人
11 商
12 0.476kg
13 460000
14 100
15 $\frac{19}{4}$
16 24a
17 340g
18 14
19 37.2%
20 180度

生活・社会

1 どんぐり
2 トンボ
3 し書
4 神社
5 ミツバチ〔ハチ〕
6 ほこりをはらうため
7 コンビニエンスストア
8 消防本部の通信指令室
9 110番
10 令和
11 43
12 森林
13 リデュース
14 津波
15 ハザードマップ
16 ボランティア
17 アメリカ
18 東北地方
19 水俣病
20 持続可能な

理科

1 4枚

2 胸

3 変わらない

4 北

5 白

6 変わらない

7 デネブ

8 ろっ骨

9 しん食

10 酸素

英語 ABC

1 Hello. 〔hello ／ Hi. ／ hi〕

2 blue

3 火曜日〔Tuesday〕

4 e

5 snowman

6 seven

7 notebook

8 favorite

9 8月

10 世界遺産

MEMO

陰山英男（かげやま・ひでお）

陰山ラボ代表（教育クリエイター）、NPO法人日本教育再興連盟 代表理事。全国各地で学力向上アドバイザーを務めている。『学校を変える15分 常識を破れば子どもは伸びる』（中村堂）、『早ね早おき朝5分ドリル』シリーズ（Gakken）、『陰山英男の「集中力」講座』（ダイヤモンド社）、『徹底反復「百ます計算」』（小学館）など著書多数。

原稿協力	武田浩子（国語）、岐邨美奈子（算数）、菅祐美子（生活・社会）、名越由実、金谷俊秀（理科）、めがねおとこ（英語）
マンガ	秋雄つばさ
イラスト	つぼいひろき、ニシノアポロ、小坂タイチ、ひとだまこ
図版	株式会社 アート工房、したたか企画
デザイン・DTP	中富竜人
カバーデザイン	村口敬太（Linon）
校正・校閲	余島編集事務所、村上理恵
編集協力	株式会社 アルバ

＊本書では、各教科各学年の教科書の内容をもとにクイズを作成しておりますが、一部発展的な内容をふくんでいます。

6年分の基礎が身につく
小学生教科書クイズ700

監修者	陰山英男
発行者	池田士文
印刷所	株式会社光邦
製本所	株式会社光邦
発行所	株式会社池田書店
	〒162-0851
	東京都新宿区弁天町43番地
	電話 03-3267-6821（代）
	FAX 03-3235-6672

落丁・乱丁はお取り替えいたします。
©K.K.Ikeda Shoten 2023, Printed in Japan
ISBN 978-4-262-16592-9

［本書内容に関するお問い合わせ］
書名、該当ページを明記の上、郵送、FAX、または当社ホームページお問い合わせフォームからお送りください。なお回答にはお時間がかかる場合がございます。電話によるお問い合わせはお受けしておりません。また本書内容以外のご質問などにもお答えできませんので、あらかじめご了承ください。本書のご感想についても、当社HPフォームよりお寄せください。
［お問い合わせ・ご感想フォーム］
当社ホームページから
https://www.ikedashoten.co.jp/

23000005